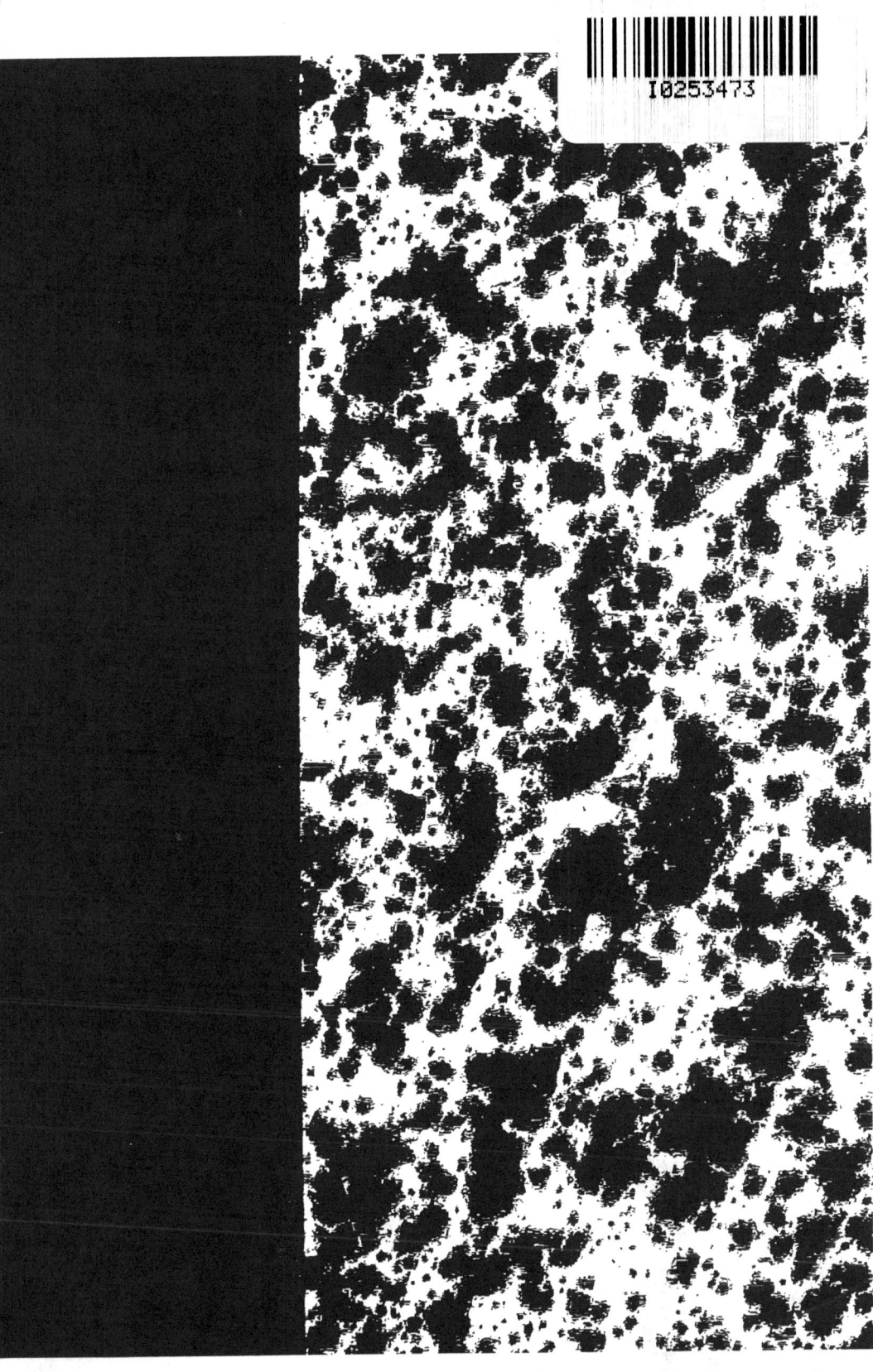

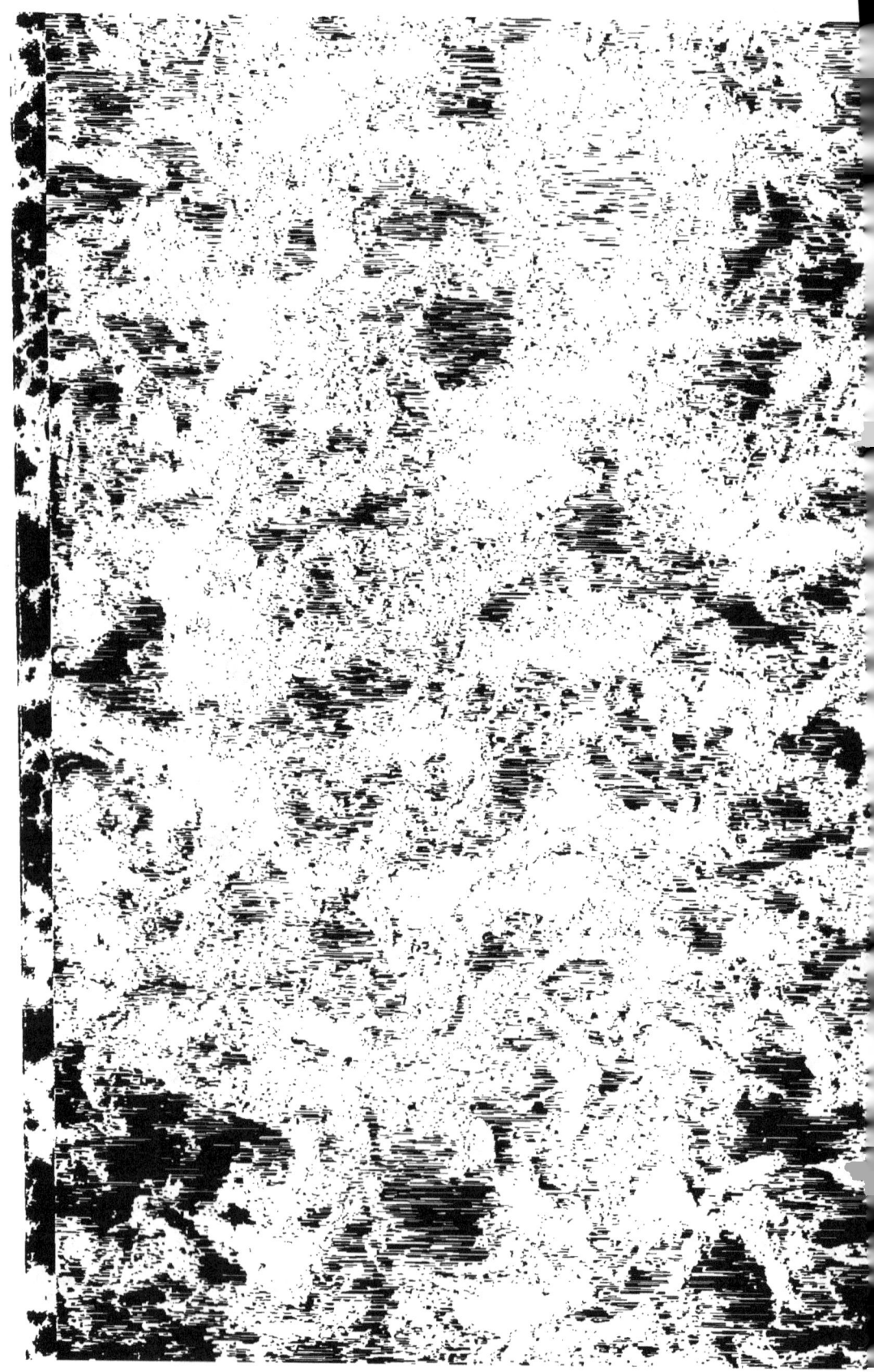

MERVEILLES

DU

CONQUÉRANT

DE L'ITALIE ET DE L'ÉGYPTE

PAR

L'Ex-Colonel **FERRER**

ANCIEN CONSEILLER GÉNÉRAL DU RHÔNE

> Malgré les milliers de livres qui ont été écrits sur Bonaparte, l'histoire de la vie de cet homme est encore à faire.
>
> Jules BARNI,
> *Député de la Somme.*

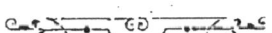

LYON
IMPRIMERIE NOUVELLE
(Association Syndicale des Ouvriers typographes)
52, Rue Ferrandière, 52

—

1884

MERVEILLES
DU
CONQUÉRANT DE L'ITALIE ET DE L'ÉGYPTE

MERVEILLES
DU
CONQUÉRANT
DE L'ITALIE ET DE L'ÉGYPTE

PAR

L'Ex-Colonel FERRER

ANCIEN CONSEILLER GÉNÉRAL DU RHÔNE

> Malgré les milliers de livres qui ont été écrits sur Bonaparte, l'histoire de la vie de cet homme est encore à faire.
>
> Jules BARNI,
> *Député de la Somme.*

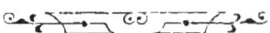

LYON
IMPRIMERIE NOUVELLE
(Association Syndicale des Ouvriers typographes)
52, Rue Ferrandière, 52

1884

OBJET DE CETTE ÉTUDE

Il n'est pas d'homme sur lequel on ait plus écrit que sur Napoléon Ier, et il n'en est pas, non plus, dont les actions et les sentiments soient moins connus. « L'histoire de Bonaparte, disait en 1880 le lieutenant-colonel Jung, n'a pas été faite. »

Ne pourrait-on pas, une fois pour toutes, arriver à connaître ce que le premier Bonaparte a été réellement, et prouver que le parti bonapartiste ou impérialiste n'a pas sa raison d'être ?

Cette connaissance peut seule nous convaincre que le bonapartisme n'est rien, ne représente rien, et que, comme l'écrivait, en 1815, l'Archevêque de Pradt : « Tant qu'il restera des bonapartistes, il sera du devoir de tout homme sensé de travailler à les ramener ; ce sont des malades dont la guérison importe au salut de la société ; car on peut être bien sûr qu'autrement ils ne cesseront pas de la troubler. »

Le remède nécessaire pour la guérison de ces malades est dans la connaissance de la vérité, et la vérité elle-même ne peut se trouver que dans l'exposé des faits. « Il n'y a qu'une manière d'arriver à la connaissance de la vérité, dit Charles Comte, c'est l'observation des faits. »

L'objet de cette Etude est donc l'observation des faits relatifs à la vie du conquérant, que l'académicien Thiers proclame un monarque civilisateur, et que l'historien Duruy place au rang des demi-dieux.

FERRER.

MERVEILLES
DU
CONQUÉRANT DE L'ITALIE ET DE L'ÉGYPTE

I

ENFANCE ET ÉDUCATION DE BONAPARTE

Placé dans les hauteurs de l'histoire du monde, Napoléon Bonaparte doit-il conserver le haut rang que lui ont donné ses défenseurs, ses adorateurs et ses apologistes?

Né à Ajaccio (Corse), le 15 août 1769, il nous est signalé comme ayant été, dans sa toute petite enfance, turbulent, adroit, vif et preste à l'extrême : « Je n'étais, avoue-t-il, qu'un enfant obstiné et curieux. »

Il avait, sur son frère aîné, Joseph, un ascendant des plus complets. Celui-ci était battu, mordu; des plaintes étaient déjà portées à leur mère, la mère grondait, que le pauvre Joseph n'avait pas encore eu le temps d'ouvrir la bouche.

Au mois de décembre 1778, Napoléon Bonaparte quitta la maison paternelle, ne sachant que l'italien. Il passa trois mois au collège d'Autun, où il apprit le français de manière à faire librement la conversation, et entra à l'École royale militaire de Brienne-le-Château, le 23 avril 1779, âgé de neuf ans, huit mois et huit jours.

A l'école de Brienne, tenue par des minimes, Bonaparte était peu aimé de ses camarades. Il les fréquentait peu et prenait rarement part à leurs jeux. Il courait à la bibliothèque, où il lisait avec avidité les livres d'histoire, surtout Polybe et Plutarque.

Son nom, que son accent corse faisait prononcer à peu près *Napoilloné*, lui valut de ses camarades le sobriquet de *la paille au nez*. Son caractère était aigri par les moqueries des élèves. Il disait fréquemment à l'un d'eux : « *Je ferai à tes Français tout le mal que je pourrai.* » Et lorsque celui-ci cherchait à le calmer, il lui répondait : « Mais toi, tu ne te moques jamais de moi, tu m'aimes ! » Il ne respirait que la haine de notre domination en Corse. « Longtemps, dit Bourrienne, il ne se complut qu'à imaginer tout le mal qu'il espérait bien nous faire un jour. » Ses professeurs lui reprochaient son caractère entêté, impérieux, dominateur.

Comme élève, le jeune Bonaparte n'avait aucune disposition pour les belles-lettres, ni pour l'étude des langues, les arts d'agrément ou les œuvres d'imagination. « Rien, dit l'un de ses anciens condisciples, rien n'annonçait qu'il fût jamais un savant en *us*. » Il est, en effet, douteux que Napoléon ait jamais bien su vingt mots de latin. Néanmoins, sous une foule de rapports, c'était un écolier très-distingué et fort appliqué. Mais il est faux que Bonaparte ait reçu, à Brienne, une éducation soignée : les pères minimes, ces ignorants en froc, étaient incapables de la donner. « Ce qu'il apprit le mieux de ces pères, prétend Michelet (t. I, p. 309), ce fut leur grand art de conduite : dissimuler, patienter et refouler son cœur. »

On ne peut donc admettre, comme l'a écrit l'historien-académicien Thiers (t. VIII, p. 153), que cet ancien élève des minimes, « est le plus grand écrivain de son temps », et avait « le don de parler (1) et d'écrire mieux que tous », bien qu'on ait vu, dans le temps où florissait ce grand écrivain, ces mots écrits sur le cabinet d'un fonctionnaire public : « Buro du juje de pet. »

Le plus grand écrivain de ce siècle était de la force de ce juge de paix : Il ne mettait pas un mot d'orthographe, et tout le monde sait que l'ignorance de l'orthographe est considérée, parmi

---

(1) Michelet soutient, au contraire, que Bonaparte parlait au plus mal le français, même l'italien (t. III, p. 233).

nous, comme une des preuves les plus certaines d'un défaut complet d'éducation.

Aussi, quand Talleyrand s'écriait, en parlant de Napoléon : « Quel dommage qu'un si grand homme ait été si mal élevé ! » il lui rendait une pleine justice, et faisait entendre clairement combien son éducation avait été mauvaise.

« Quelques éclairs de mémoire, dit l'archevêque de Pradt, composaient à peu près son fonds d'instruction, comme quelques pamphlets son fonds de bibliothèque... Il faut l'avoir approché, surtout avoir voyagé avec lui, pour se faire une idée d'une ignorance qui, quelquefois, donnait lieu aux méprises les plus plaisantes sur les hommes, comme aux lourdises les plus grossières sur les choses. J'en ai été témoin en plus d'une occasion. » *(Histoire de l'ambassade en Pologne, p. 4.)*

Bientôt ce prodige des temps modernes, qui, à quarante ans, écrivait *trône* avec un *h*, devint morose, sombre ; la lecture fut pour lui une espèce de passion poussée jusqu'à la rage.

« Dès son enfance, raconte Bourrienne, Napoléon lisait avec ardeur l'histoire des grands hommes de l'antiquité, et ce qu'il cherchait surtout à découvrir dans cette lecture, c'était par quels moyens ces hommes étaient devenus grands. Il remarquait que la gloire militaire porte le nom de celui qui l'acquiert plus loin que ne le transmettent les travaux heureux de la paix, une grande science et de nobles efforts pour contribuer au bonheur des hommes. »

Cette remarque est pleine de sens : les crimes du conquérant le plus illustre et du brigand le plus célèbre, de César et de Cartouche, commandent également à la mémoire des hommes et lui imposent la tâche d'un long souvenir, tandis que les vertus du paisible patriote ou de l'industrieux artisan, qui ne s'écarte jamais du sentier étroit de sa vie obscure et utile, n'obtiennent pas même le tribut d'un regard.

C'est là qu'il faut chercher l'explication de ces mots de Napoléon, qu'on lit dans le *Mémorial de Sainte-Hélène* : « Pour ma pensée, Brienne est ma patrie ; c'est là que j'ai ressenti les premières impressions de l'homme. » Et quiconque sait que le premier âge de la vie humaine est l'âge des ressentiments et des reconnaissances ineffaçables, comprendra cette haine aveugle, manifestée à Brienne, par Bonaparte, contre les Français, haine qui l'a perdu après avoir causé tant de maux à l'humanité.

A sa sortie de l'École de Brienne, le 17 octobre 1784, pour se rendre à l'École militaire de Paris, Bonaparte était âgé de quinze ans, deux mois et deux jours, et n'avait pas même achevé sa quatrième : la liste civile payait sa pension ; il s'affligeait d'être boursier.

Trouvant l'École militaire de Paris sur un pied

brillant et trop dispendieux pour l'éducation physique et morale qu'on y recevait, il crut devoir faire un mémoire pour démontrer que le plan d'éducation, dans cette école, était pernicieux et ne pouvait atteindre le but que tout gouvernement sage devait se proposer.

Il appuyait fortement sur les résultats de cette éducation et prétendait que les élèves du roi, tous pauvres gentilshommes, n'y pouvaient puiser, au lieu des qualités du cœur, que l'amour de la *gloriole*, ou plutôt des sentiments de suffisance et de vanité, tels qu'en regagnant leurs pénates, loin de partager avec plaisir la modique aisance de leur famille, ils rougiraient peut-être des auteurs de leurs jours, et dédaigneraient leur modeste manoir.

« Au lieu, disait-il dans ce mémoire, d'entretenir un nombreux domestique autour de ces élèves, de leur donner journellement des repas à deux services, de faire parade d'un manège très-coûteux, tant pour les chevaux que pour les écuyers, ne vaudrait-il pas mieux, sans toutefois interrompre le cours de leurs études, les astreindre à se suffire à eux-mêmes, c'est-à-dire, moins leur petite cuisine, qu'ils ne feraient pas, leur faire manger du pain de munition ou d'un qui en approcherait, les habituer à battre, brosser leurs habits, à nettoyer leurs souliers, leurs bottes, etc. »

Blessés des propositions de ce réformateur imberbe, et lassés de son caractère tranchant, ses supérieurs devancèrent l'époque de son examen, pour qu'il obtînt la première sous-lieutenance vacante dans un régiment d'artillerie, et Bonaparte sortit de l'école militaire de Paris, le 1ᵉʳ septembre 1785, sans y laisser un ami.

II

BONAPARTE OFFICIER D'ARTILLERIE

Reçu officier d'artillerie, à l'âge de seize ans et quinze jours, Bonaparte entra dans le régiment de la Fère, en qualité de lieutenant en second, d'où il passa, dans la suite, lieutenant en premier dans le régiment de Grenoble.

Envoyé en garnison à Valence, il y resta trois ans. « Quand, dit-il, j'avais l'honneur d'être simple lieutenant en second d'artillerie, je restai trois années en garnison à Valence. J'aimais peu le monde, et vivais très-retiré. Un heureux hasard m'avait logé près d'un libraire instruit et des plus complaisants... J'ai lu et relu sa bibliothèque pendant ces trois années de garnison. »

Quoique logé près d'un libraire instruit, et malgré ses nombreuses lectures, Bonaparte était peu instruit à cette époque.

Voici un spécimen de son savoir faire ; nous le reproduisons, mot pour mot, tel que Chateaubriand l'a transcrit dans ses *Mémoires d'outre-tombe*, d'après l'original qu'il a eu sous les yeux:

FORMULLES, CERTIFICAS ET AUTRES CHOSES ESENCIELLES
RELATIVES A MON ÉTAT ACTUELL

Magiere de demander un conge

Lorsque l'on est en semestre et que l'on veut obtenir un congé d'été pour cause de maladie, l'on fait dresser par un médecin de la ville et un cherugien un certificat comme quoi avant l'époque que vous désigné, votre senté ne vous permet pas de rejoindre à la garnison. Vous observeré que ce certificat soit sur papier timbré, qu'il soit visé par le juge et le commandant de la place. Vous dressez alors votre memoire, au ministre de la guerre de la manière et formule suivante :

A Ajaccio, le 21 avril 1787.

Memoire en demande d'un congé.

CORPS ROYAL DE L'ARTILLERIE — RÉGIMENT DE LA FÈRE

Le sieur Napolione de Buonaparte, lieutenant en second au régiment de la Fère, artillerie,

Soupplie monseigneur le maréchal de Segur de vouloir bien lui accorder un congé de 5 mois et demie à compter du 16 mai prochain dont il a besoin pour le rétablissement de sa senté, suivant le certificat de medecin et cherugien ci-joint. Vu mon peu de fortune et une cure couteuse, je demande la grace que le congé me soit accordé avec appointement.

BUONAPARTE.

L'on envoie le tout au colonel du régiment sur l'adresse du ministre ou du commissaire-ordonnateur, M. de Lance, soit que l'on lui écrive sur l'adresse de M. Sauquier, commissaire-ordonnateur des guerres à la cour.

Et tout cela pour enseigner à faire un faux !

A la fin de l'année 1789, on trouve de nouveau le sieur Napolione de Buonaparte en congé à Ajaccio. Il prend part aux assemblées populaires et signe, le premier en tête, une adresse de plusieurs Corses à l'Assemblée nationale, dont voici le début :

« Ajaccio, le 31 octobre 1789.

« *A Nosseigneurs de l'Assemblée nationale.*

« Nosseigneurs,

« Lorsque des magistrats usurpent une autorité contraire à la loi ; lorsque des députés sans mission prennent le nom du peuple pour parler contre son vœu, il est permis à des particuliers de s'unir, de parler, de protester, et, de cette manière, de résister à l'oppression. Daignez donc, Nosseigneurs, jeter un coup d'œil sur notre position. »

Suit l'exposé des griefs de la Corse. La pièce se termine ainsi :

« Vous, les protecteurs de la liberté, daignez jeter un coup d'œil sur nous, qui en avons été jadis les plus zélés défenseurs. Nous avons tout perdu en la perdant, et nous n'avons trouvé, dans le titre de vos compatriotes, que l'avilissement et la tyrannie. Un peuple immense attend de vous son bonheur. Nous en faisons partie... jetez les yeux sur nous ou nous périssons.

« Nous sommes avec respect, Nosseigneurs, vos très-humbles et très-obéissants serviteurs.

> « *Buonaparte*, officier d'artillerie ; *Tartaroli*, propriétaire ; *Pozzo di Borgo*, secrétaire des électeurs de la noblesse de Corse ; *Buonaparte*, ancien archidiacre ; *Orto*, ancien procureur du roi, etc., etc. »

Cette adresse était un acte collectif. Mais, dans les premiers jours de l'année 1790, le lieutenant d'artillerie *Buonaparte* écrit, en son propre nom et sous sa seule responsabilité, sa fameuse lettre à Matteo de Buttafuoco, maréchal des camps et armées du roi, député de la noblesse Corse à l'Assemblée nationale constituante.

Dans cette lettre, également écrite d'Ajaccio et portant la date du 23 janvier 1790, le lieutenant *Buonaparte* fait d'abord un portrait hideux du général de Buttafuoco, puis il s'écrie :

« O Lameth ! ô Robespierre ! ô Piéton ! ô Volney ! ô Mirabeau ! ô Bailly ! ô Lafayette ! voilà l'homme qui ose s'asseoir parmi vous ! Tout dégoûtant du sang de ses frères, souillé de crimes de toute espèce, il se présente avec confiance sous une veste de général, inique récompense de ses forfaits ! Il ose se dire représentant de la nation, lui qui la vendit, et vous le souffrez ! il ose lever les yeux, prêter les oreilles à vos discours, et vous le souffrez ! Si c'est la voix du peuple, il n'eut que celle de douze nobles ; si c'est la voix du peuple, Ajaccio, Bastia, et la plupart des cantons ont fait à son effigie ce qu'ils eussent voulu faire à sa personne. » (Il avait été brûlé en effigie.)

« Et vous, ajoute notre fougueux officier d'artillerie, vous que l'erreur du moment, peut-être les abus de l'instant, portent à vous opposer aux nouveaux changements, pourrez-vous souffrir un traître, celui qui, sous l'extérieur froid d'un homme sensé, cache une avidité de valet? Je ne saurais l'imaginer. Vous serez les premiers à le chasser ignominieusement, dès que l'on vous aura instruits du tissu d'horreurs dont il a été l'artisan. »

Comme l'a dit avec raison le colonel Jung (t. I, p. 253), aujourd'hui, un semblable écrit ferait briser, sans rémission, la carrière d'un officier. Au lieu de blâmer l'auteur de cet écrit, le ministre de la guerre lui accorda un nouveau congé avec appointements.

Trois mois et demi après l'expiration de ce congé, Bonaparte rejoint, avec son jeune frère Louis, son régiment à Auxonne. Il y est nommé lieutenant en premier au 4° régiment d'artillerie et revient tenir garnison à Valence, où il donne par écrit le serment ci-après :

« Je jure d'employer les armes remises en mes
« mains à la défense de la patrie, et de maintenir
« contre tous les ennemis du dedans et du
« dehors la Constitution décrétée par l'Assemblée
« nationale, de mourir plutôt que de souffrir l'in-
« vasion du territoire français par des troupes
« étrangères, et de n'obéir qu'aux ordres qui
« seront donnés en conséquence des décrets
« de l'Assemblée nationale.

Valence, le 6 juillet 1791.

« BUONAPARTE,
« *Officier au 4ᵉ régiment d'artillerie.* »

A la fin d'août 1791, accompagné de son fidèle Louis, il part de Valence, sans payer sa propriétaire, et reprend le chemin de sa chère Corse.

N'ayant pas rejoint son régiment, qui avait été mis sur le pied de guerre, par décret du 20 septembre 1791, Bonaparte est rayé des contrôles du 4ᵉ régiment d'artillerie, le 1ᵉʳ janvier 1792, conformément à un arrêté portant que : « Tout officier absent de son corps, qui ne justifiera pas d'un congé, sera destitué de son emploi par le fait même de son absence, sans qu'il puisse prétendre à aucune pension, quelle que soit son ancienneté de service. »

Nommé, au moyen de supercheries et de violences, au commandement temporaire de l'un des bataillons soldés qu'on avait levés en Corse, pour le maintien de l'ordre public, Bonaparte marche contre la garde nationale d'Ajaccio : *Voilà son premier pas dans la carrière des armes* (1).

Arrivé dans la capitale pour rendre compte de sa conduite, et favorisé par les événements, il se justifie facilement de l'accusation d'avoir provoqué le désordre qu'il venait de réprimer. En outre, il se fait réintégrer dans son arme avec le rang de capitaine, le 30 août 1792, et obtient un brevet antidaté du 6 février 1792, époque où il aurait dû être nommé à ce grade, « s'il n'avait pas déserté. » (Jung, t. II, p. 201.)

Pendant son séjour à Paris, Bonaparte assista à la journée du 20 juin 1792. Voyant la foule se diriger sur le palais des rois, il dit : « Suivons cette canaille ! » Et, appuyé à un arbre des Tuileries, il contempla le passage de la population parisienne à travers le palais de Louis XVI. Quand il vit le roi se contenter d'avoir prouvé au peuple que son cœur n'avait pas faibli, Bonaparte ne put contenir son indignation. Une chaise qu'il agitait se brisa dans ses mains. « Oh ! les lâches ! s'écria-t-il tout haut, comment a-t-on pu laisser entrer cette canaille ? Il fallait en balayer quatre à cinq cents avec du canon, le reste courrait encore. »

(1) « Il fit ses premiers exploits militaires dans la guerre civile de son pays natal. » (*Vie de Napoléon*, par Walter Scott, t. V, p. 29.)

Cette journée du 20 juin 1792 était-elle donc si criminelle pour exciter une pareille indignation et tant de cruauté?

Les citoyens que Bonaparte voulait balayer à coups de canon avaient des intentions pures : ils allaient présenter légalement une pétition à l'Assemblée nationale et au roi, et planter un mai sur la terrasse des Feuillants, pour l'anniversaire du serment du Jeu-de-Paume. Il est vrai qu'ils s'étaient armés, mais seulement dans la crainte d'être attaqués par les aristocrates; et, d'ailleurs, l'Assemblée n'avait-elle pas déjà reçu des députations de royalistes en armes? La loi devait être égale pour tous. Voici, du reste, comment les choses se passèrent.

Vers midi, les colonnes se mirent en marche des faubourgs Saint-Antoine et Saint-Marceau, lieux de rendez-vous ; la foule, composée de gardes nationaux et de citoyens sans uniforme, fraternellement mêlés, armés de piques et de fusils, traînant les canons des sections, n'avait nullement l'aspect sinistre qu'on s'est complu à dépeindre. C'était la population de Paris, bruyante et joviale, résolue, mais sans colère, et paraissant marcher plutôt à une fête qu'à une insurrection.

Des officiers de la garde nationale, des chefs de bataillon marchaient à la tête de leurs hommes, Santerre et Alexandre, commandants des bataillons des Enfants-Trouvés et de Saint-Marceau; le capitaine polonais Lazowski, commandant les canonniers de ce dernier faubourg; Fournier, dit l'Américain ; le boucher Legendre; l'avocat Panis, beau-frère de Santerre; le futur et trop infortuné général en chef Rossignol, et quelques autres popularités des faubourgs tenaient la tête du cortège, suivis par les canons et le char qui traînait le peuplier qu'on devait planter.

Après le défilé à travers la salle des séances de l'Assemblée, le peuple se répandit dans la cour et dans les appartements des Tuileries. Bernée, jouée par les hypocrites jongleries du roi, qui but un grand verre de vin « *à la santé de la nation* », et qui cria: « *Vive le peuple!* » — la foule se retira sans avoir versé une goutte de sang, sans avoir commis une seule violence, et la famille royale continua de correspondre secrètement avec l'ennemi et d'appeler l'invasion étrangère au secours de la monarchie absolue.

Pour quiconque voit les choses avec calme et impartialité, y a-t-il dans cette conduite du peuple une raison pour le traiter de canaille et un motif pour le balayer à coups de canon?

Le capitaine d'artillerie Bonaparte assista également à la journée du 10 août 1792. « Je me trouvais, à cette *hideuse époque*, à Paris, raconte-t-il lui-même, logé dans la rue du Mail, place des Victoires. Au bruit du tocsin et de la nouvelle qu'on donnait l'assaut aux Tuileries, je courus au Carrousel, chez Fauvelet, frère de Bourrienne, qui y tenait un magasin de meubles. Il avait été mon camarade à l'école militaire de Brienne. C'est de cette maison que je pus voir à mon aise tous les détails de la journée... Le château se trouvait attaqué par la plus *vile canaille*... »

Hideuse époque, vile canaille, ce sont des mots qui ne prouvent rien. Ce qu'il y a de certain, c'est qu'à ce moment l'invasion étrangère était imminente, et que Louis XVI était généralement regardé comme le complice de la coalition :

« Nous n'avons plus de ressource que dans les puissances étrangères, écrivait la reine Marie-Antoinette, il faut à tout prix qu'elles viennent à notre secours. Mais c'est à l'empereur à se mettre à la tête de tous et à régler tout. »

Ce qu'il y a de certain, c'est que les délégués des départements, venus à Paris pour assister à la Fédération du 14 juillet 1792, manifestaient hautement l'intention de renverser le trône, avant de quitter la capitale, pour *sauver la patrie*, au moment où la femme de Louis XVI appelait les puissances étrangères au secours de la royauté, « afin de déjouer et de culbuter au plus tôt, disait-elle, l'ouvrage monstrueux qu'il fallait adopter. »

Ce qu'il y a de certain, c'est que les fédérés de Marseille prirent part à l'attaque du château des

Tuileries, au chant de la *Marseillaise*, et furent les premiers, avec les fédérés de Brest, qui pénétrèrent dans la cour des Tuileries.

Ce qu'il y a encore de certain, c'est que le 10 août 1792 devint une fête nationale, qui s'est célébrée jusqu'à l'époque du Consulat, et qu'on célébrerait encore aujourd'hui, si le sens moral n'était pas perverti et si l'histoire n'avait pas servi, jusqu'à nos jours, à tromper l'espèce humaine et à l'avilir (1).

Après avoir assisté aux journées des 20 juin et 10 août 1792, qui ne peuvent qu'honorer la Révolution et ceux qui y prirent part, Bonaparte se rend à la maison de Saint-Cyr pour y chercher

(1) Même dans les premiers temps du Consulat, le 10 août devait être célébré au nom de la République : « Citoyens représentants, écrivait Bonaparte, deux grandes époques ont existé dans la Révolution : le 14 juillet, triomphe de la liberté, et le premier vendémiaire (22 septembre), fondation de la République ; cette dernière journée conserve le souvenir du 10 août. Ces journées sont impérissables dans la mémoire des citoyens ; elles ont été accueillies par tous les Français avec des transports unanimes, et ne réveillent aucun souvenir qui tende à porter la division parmi les amis de la République. Les consuls de la République vous font, en conséquence, la proposition formelle et nécessaire de déclarer qu'à l'avenir les fêtes du 14 juillet et du premier vendémiaire seront les seules célébrées au nom de la République. » (*Correspondance de Napoléon Ier*, publiée par ordre de Napoléon III, t. VI, p. 44.)

sa sœur Elisa-Marie-Anne, et écrit aux administrateurs du district de Versailles, la lettre ci-après, datée du 1ᵉʳ septembre 1792, qui prouve bien que son auteur est un grand écrivain, comme le prétend l'académicien Thiers :

« Messieurs,

« Buonaparte, frère et tuteur de la demoiselle Marie-Anne Buonaparte, a l'honneur de vous exposer que la loi du 7 août et plus particulièrement l'article *additionnelle*, décrété le 16 du même mois, *suprimant* la maison de Saint-Louis, il vient réclamer l'exécution de la loi et ramener dans sa famille ladite demoiselle sa sœur.

« Des affaires très-instantes et de service *publique l'obligant* à partir de Paris sans délai, il vous prie de vouloir bien ordonner qu'elle jouisse du bénéfice de la loi du 16 et que le *thrésorier du distric* soit *autoriser* à lui *esconter* les vingt sols par lieue jusqu'à la municipalité d'Ajaccio en Corse, lieu du domicile de ladite demoiselle et où elle doit se rendre auprès de sa mère.

« Avec respect,

« Buonaparte. »

Cette demande est accueillie. Bonaparte touche les 352 livres d'indemnité auxquelles sa sœur avait droit, et arrive avec elle à Ajaccio le 17 septembre 1792. Il reprend le commandement du 2ᵉ bataillon de volontaires nationaux et reçoit, le mois suivant, du quartier-maître du 4ᵉ régiment d'artillerie, 1,560 livres pour rappel d'une année presque entière d'appointements.

Au commencement de 1793, Bonaparte fait partie de l'expédition de Sardaigne : l'expédition étant finie et mal finie, Bonaparte, aussitôt débarqué, s'empresse d'abandonner son bataillon, et retourne chez lui, à Ajaccio.

Frappé, le 27 mai 1793, pour crime de conspiration, d'un décret de bannissement, et voué à l'exécration publique par un acte solennel dressé par l'assemblée générale tenue à Corte et présidée par le général Paoli, — Bonaparte quitte furtivement la Corse, débarque à Marseille avec sa famille. qu'il établit dans les environs de Toulon, et rejoint son régiment, à Nice.

III

PREMIÈRE PAGE D'UNE GRANDE HISTOIRE

Chargé, au mois de juillet 1793, d'aller à Avignon chercher les pièces de canon et les munitions qui s'y trouvaient, Bonaparte se joint à une colonne volante du corps de Carteaux, commandée par l'adjudant général Dours, qui lui donne le commandement de l'artillerie.

D'Avignon, il écrit au ministre de la guerre pour le supplier de lui donner un commandement d'artillerie à l'armée du Rhin, et, en attendant, il rédige sa brochure, intitulée *le Souper de Beaucaire*, qui ne fit aucune sensation au moment de son apparition. (Jung, t. II, p. 354.)

A la fin d'août, il entre à Marseille avec l'armée de Carteaux. Il est logé dans la maison Clary, où il est joint par son frère Joseph.

Le chef d'artillerie Dommartin ayant été blessé à l'attaque de Toulon, Bonaparte est appelé à diriger l'artillerie du siège de cette place, en qualité de commandant en second.

Arrivé au Beausset, le 12 septembre 1793, il y est nommé chef de bataillon le 19 octobre suivant, et bientôt il s'y fait remarquer par son esprit vif, prompt, résolu, entier; par sa parole énergique et par un cœur dur : il discutait contre tout le monde.

« Au conseil de guerre tenu pour l'attaque de Toulon, dit l'archevêque de Pradt, il parla sur un ton si haut et tellement en maître, qu'on l'eût pris plutôt pour un général accrédité par de longs services que pour un novice franchissant les premiers degrés de la carrière. »

On raconte que son général en chef Carteaux, lui ayant ordonné d'élever une batterie entre le fort Malbosquet et les forts du Faron, Bonaparte essaya en vain d'expliquer pourquoi et comment elle serait foudroyée à l'instant même ; l'ordre est répété, il est écrit, il est formel, mais il est aussi insensé : au péril de sa tête, Bonaparte désobéit.

Une autre fois, il lui est ordonné de construire une batterie sur une terrasse où il n'y avait pas la place du recul : il désobéit. Une autre fois encore, c'est une des batteries qu'il a élevées que le représentant Fréron censure : cet homme ordonne qu'elle soit évacuée. Le jeune commandant d'artillerie n'y tient plus. « Cette batterie restera, s'écria-t-il, j'en réponds sur ma tête. Faites votre métier de représentant et laissez-moi faire celui d'artilleur. »

Quelques jours après, au retour d'une course

de service à Marseille, sur les neuf heures du soir, il trouve que le général Carteaux a profité de son absence pour ordonner l'évacuation, et déjà cet ordre s'exécutait : Bonaparte le contremande sans hésiter.

Tout cela, n'en déplaise aux partisans de l'obéissance passive *quand même*, est fort bien ; mais voici ce qui est fort mal, et ce qui prouve que Bonaparte n'était pas aussi facile à émouvoir que le prétend l'académicien Thiers.

Un officier, qui se trouvait de son arme et sous ses ordres, eut la visite de sa femme, à laquelle il était uni depuis peu et qu'il aimait tendrement. Peu de jours après, Bonaparte eut ordre de faire une nouvelle attaque sur la ville et l'officier fut commandé. Sa femme vint trouver le commandant Bonaparte et lui demanda, les larmes aux yeux, de dispenser son mari de service ce jour-là. Bonaparte fut insensible.

Le moment de l'attaque arriva, et cet officier, qui avait toujours été d'une bravoure extraordinaire, eut le pressentiment de sa fin prochaine ; il devint pâle, il trembla. Il fut placé à côté du commandant Bonaparte, et, dans un moment où le feu de la ville devint très fort, Bonaparte lui cria : « Gare! voilà une bombe qui nous arrive. » L'officier, au lieu de s'effacer, se courba et fut séparé en deux. Bonaparte riait aux éclats en citant la partie qui lui fut enlevée.

Rappelé à Paris pour son incapacité, le général Carteaux est remplacé par le général Doppet. Celui-ci, vers le milieu de novembre 1793, ordonne un assaut sur Toulon. L'attaque est commencée ; le succès est presque certain ; mais au moment où quelques hommes pénétraient dans la ville, un aide de camp du général Doppet est tué à ses côtés par un boulet : le successeur du général Carteaux fait sonner la retraite. Bonaparte revient et lui dit militairement : « Le j... f..... qui a fait sonner la retraite, nous a fait manquer Toulon. »

Doppet est remplacé par le général Dugommier, et Toulon est repris le 18 décembre 1793.

Toulon repris, les échafauds se dressent et les massacres recommencent : huit cents victimes sont réunies au Champ-de-Mars. On les mitraille. Parmi les exécuteurs, ce cri se fait entendre : « Que ceux qui ne sont pas morts se relèvent, la République leur fait grâce ! » Et les malheureux blessés qui se relèvent sont massacrés. On trouve ce billet adressé aux commissaires de la Convention :

« Citoyens représentants,

« C'est du champ de gloire, marchant dans le
« sang des traîtres, que je vous annonce avec joie
« que vos ordres sont exécutés, et que la France est
« vengée : *ni l'âge ni le sexe n'ont été épargnés.*
« Ceux qui n'avaient été que blessés par le canon

« républicain ont été dépêchés par le glaive de
« la liberté et par la baïonnette de l'égalité.

« Salut et admiration !

« Brutus BUONAPARTE,
« *citoyen sans-culotte.* » (1)

Tel est le premier bulletin de guerre du héros de Toulon, et telle est cette fameuse « *première page d'une grande histoire !* » L'ignoble et féroce proconsul de Nantes, l'infâme Carrier, ne parlait pas différemment :

« Vous, mes bons sans-culottes, disait-il à sa bande d'assassins, vous qui êtes dans l'indigence, tandis que d'autres sont dans l'abondance, ne savez-vous pas que ce que possèdent les gros négociants vous appartient ? Il est temps que vous jouissiez à votre tour ; faites-moi des dénonciations : le témoignage de deux bons sans-culottes me suffira pour faire rouler leurs têtes. »

Mais, du moins, Carrier a expié sur l'échafaud ses nombreux forfaits, et nul n'a songé à lui élever des statues ; tandis que le mitrailleur des Toulonnais a trouvé un apologiste et un historien admirateur ardent dans l'académicien Thiers.

(1) Des écrits, publiés en 1883, attribuent ce billet à Lucien Bonaparte. Nous croyons que c'est là une erreur. Né en 1775, Lucien n'avait que 18 ans lors du siège de Toulon. Il n'avait reçu aucun ordre des représentants et n'avait aucun titre pour annoncer que leurs ordres avaient été exécutés.

IV

JOURNÉE DE VENDÉMIAIRE

A la suite de la prise de Toulon, Bonaparte est proposé pour le grade de général de brigade, par le général en chef Dugommier, qui écrit au Comité de Salut public : « Récompensez et avancez ce jeune homme ; car, si on était ingrat envers lui, il s'avancerait tout seul. »

Nommé général de brigade, le 6 février 1794, Bonaparte reçoit son brevet de nomination durant sa tournée sur les côtes de la Méditerranée pour en déterminer l'armement.

« Pour atteindre ce grade, Bonaparte était resté cinq ans et demi lieutenant en second, un an lieutenant en premier, un an et quatre mois capitaine, deux mois chef de bataillon. Sur quatre-vingt-dix-neuf mois de services, il en avait passé quarante et un à son corps et cinquante-huit en congé ou en situation d'absence illégale. C'était donc au bout de quarante et un mois ou de trois ans et cinq mois de services effectifs que Bonaparte devenait officier général. » (Jung, t. II, p. 397.)

A cette époque, il était lié avec Robespierre jeune, qui l'avait pris en affection et voulait l'appeler au commandement de Paris, à la place de Henriot : « On m'offre, disait-il à ses frères Joseph et Lucien, pendant sa tournée sur les côtes de la Méditerranée, on m'offre la place de Henriot. Je dois donner ma réponse ce soir. Eh bien ! qu'en dites-vous ?... cela vaut bien la peine d'y penser : il ne s'agirait pas de faire l'enthousiaste ; il n'est pas si facile de sauver sa tête à Paris qu'à Saint-Maximin... Il n'est pas temps... Aujourd'hui, il n'y a de place honorable pour moi qu'à l'armée. Prenez patience, je commanderai Paris plus tard. »

En s'occupant de l'armement des côtes de Marseille, Bonaparte fut témoin de l'horrible condamnation du négociant Hugues, âgé de 84 ans, sourd et presque aveugle, accusé et trouvé coupable de conspiration : son vrai crime était d'être riche de dix-huit millions. Ce vieillard offrit de les donner, pourvu qu'on lui laissât cinq cent mille francs, dont il ne jouirait pas longtemps, disait-il. Ce fut inutile : sa tête fut abattue. Barras et Fréron étaient les auteurs de ces atrocités. Plus tard, Bonaparte devint le protégé et l'ami du premier, et sa sœur Pauline l'amante du second : ce dernier était l'un des auteurs des massacres de Septembre.

Devenu général d'artillerie, Bonaparte commande cette arme à l'armée d'Italie, qu'il rejoint à Nice, dans le mois de mars 1794. Il y avait dans cette armée un représentant assez insignifiant. Sa femme, extrêmement jolie et fort aimable, faisait le plus grand cas du nouveau général d'artillerie et le traitait au mieux sous tous les rapports...

« J'étais bien jeune alors, avoue Bonaparte, j'étais heureux et fier de mon petit succès ; aussi cherchai-je à le reconnaître par toutes les attentions en mon pouvoir ; et vous allez voir quel peut être l'abus de l'autorité, à quoi peut tenir le sort des hommes, car je ne suis pas pire qu'un autre ! La promenant un jour au milieu de nos positions, dans les environs du col de Tende, il me vint subitement à l'idée de lui donner le spectacle d'une petite guerre, et j'ordonnai une attaque d'avant-postes. Nous fûmes vainqueurs, il est vrai ; mais évidemment il ne pouvait y avoir de résultat ; l'attaque était une pure fantaisie, et pourtant quelques hommes y restèrent. »

Dans son *Histoire de Napoléon*, le littérateur Vivien a également mentionné la victoire remportée, au col de Tende, par le jeune général d'artillerie, en compagnie d'une jolie femme ; mais ce qui n'était aux yeux de Bonaparte qu'« une pure fantaisie, » se trouve transformé, par l'imagination de cet historien, en une gloire précoce.

« Cette gloire précoce, déclare l'historien Vivien, éveilla dans l'âme ardente de Napoléon ces hautes visions d'ambition qu'il devait bientôt réaliser. Dans les premiers jours de *janvier*, c'est lui-même qui nous a rapporté ce fait, il passa une nuit entière sur le col de Tende, pour contempler, au soleil levant, ces belles plaines qui déjà étaient l'objet de ses méditations. *Italiam! Italiam !* »

C'est avec cette exactitude, et dans cet esprit, qu'a été écrite l'histoire dont le littérateur Vivien est l'auteur, et les frères Penaud les éditeurs.

Au mois de juillet 1794, Bonaparte est envoyé en mission confidentielle à Gênes, par le représentant du peuple Ricord. A son retour à Nice, le 6 août suivant, il est suspendu de ses fonctions, arrêté et déclaré suspect par les représentants Albitte, Salicetti et Laporte. Il adresse, le 20 du même mois, aux deux premiers de ces représentants, une note dans laquelle il leur dit :

« Depuis l'origine de la Révolution, n'ai-je pas toujours été attaché aux principes ?

« Ne m'a-t-on pas toujours vu dans la lutte, soit comme citoyen contre les ennemis intérieurs, soit comme militaire contre les étrangers ?

« J'ai sacrifié le séjour de mon département, j'ai abandonné mes biens, j'ai tout perdu pour la République.

« Depuis, j'ai servi, sous Toulon, avec quelque distinction, et j'ai mérité, à l'armée d'Italie, une part des lauriers qu'elle a acquis à la prise de Saorgio, d'Oneille et de Tanaro (1).

« A la découverte de la conspiration de Robespierre, ma conduite a été celle d'un homme accoutumé à ne voir que les principes. On ne peut donc me contester le titre de patriote.

« Pourquoi donc me déclare-t-on suspect sans m'entendre? m'arrête-t-on huit jours après que l'on avait la nouvelle de la mort du tyran?

« On me déclare suspect et l'on met les scellés sur mes papiers. On devait faire l'inverse : mettre les scellés sur mes papiers, m'entendre, me demander des éclaircissements et ensuite me déclarer suspect, s'il y avait lieu.

« On veut que j'aille à Paris avec un arrêté qui me déclare suspect ; on doit supposer que les représentants ne l'ont fait qu'en conséquence d'une information, et l'on ne me jugera qu'avec l'intérêt que mérite un homme de cette classe.

« Innocent, patriote, calomnié, quelles que soient les mesures que prenne le Comité, je ne pourrai me plaindre de lui.

« Si trois hommes déclaraient que j'ai commis un délit, je ne pourrais pas me plaindre du jury qui me condamnerait.

(1) Il n'assistait ni à l'affaire de Saorgio, ni à celle du col de Tende. (Jung, t. II, p. 426.)

« Salicetti, tu me connais. As-tu rien vu, dans ma conduite de cinq ans, qui soit suspect à la Révolution ?

« Albitte, tu ne me connais point, on n'a pu te prouver aucun fait ; tu ne m'as pas entendu, tu connais cependant avec quelle adresse quelquefois la calomnie siffle.

« Dois-je donc être confondu avec les ennemis de la patrie, et des patriotes doivent-ils inconsidérément perdre un général qui n'a point été inutile à la République ?

« Des représentants doivent-ils mettre le gouvernement dans la nécessité d'être injuste et impolitique ?

« Entendez-moi, détruisez l'oppression qui m'environne et restituez-moi l'estime des patriotes. Une heure après, si les méchants veulent ma vie, je l'estime si peu, je l'ai si souvent méprisée ! Oui, la seule idée qu'elle peut être encore utile à la patrie m'en fait soutenir le fardeau avec courage. »

Désigné pour servir dans la Vendée, il est remis en liberté et quitte l'armée d'Italie pour aller réclamer contre un pareil changement « qui ne lui convenait sous aucun rapport. » (*Mémorial de Sainte-Hélène,* par Las Cases, t. I, p. 202.) (1).

---

(1) Dans son livre : *Bonaparte et son temps*, le lieutenant-colonel Jung publie (fin du tome II et commencement

Arrivé à Paris, Bonaparte voit ses prétentions repoussées et il est destitué, le 15 septembre 1794, par le Comité de Salut public, qui prit l'arrêté suivant :

LIBERTÉ, ÉGALITÉ

Ampliation d'un arrêté du Comité de Salut public en date du 29 fructidor an II (15 septembre 1794) de la République française, une et indivisible.

du tome III), une série de pièces que je crois fausses et d'après lesquelles Bonaparte, après sa mise en liberté, aurait été chargé d'une expédition maritime, du 14 septembre 1794 au 29 mars 1795, et ne serait arrivé que dans le mois de mai à Paris, où il serait resté en permission ou congé du 15 mai au 31 août 1795, puis attaché au Comité de Salut public (section des opérations et des plans de campagne), du 31 août au 15 septembre 1795, et n'aurait été destitué que ce jour 15 septembre 1795, vingt jours seulement avant le 13 vendémiaire.

Les pièces qui constatent ces faits me paraissent apocryphes ou tout au moins sans aucun intérêt. L'arrêté de destitution de Bonaparte n'est pas de l'an III, mais de l'an II, c'est-à-dire du 15 septembre 1794. (Voir les *Mémoires* de Bourrienne, tome I, p. 68 et suivantes.

Marmont, dans ses *Mémoires*, tome I, p. 62, écrit : « Nous voilà donc à Paris tous les trois : Bonaparte sans emploi, moi sans autorisation régulière, et Junot attaché comme aide de camp à un général dont on ne voulait pas se servir, logés à l'hôtel de la Liberté, rue des Fossés-Montmartre ; passant notre vie au Palais-Royal et aux spectacles, ayant fort peu d'argent et point d'avenir. A cette époque, nous trouvâmes, à Paris, Bourrienne. »

Et Bourrienne dit : « Le général Bonaparte revint à Paris

Le Comité de Salut public arrête que le général de brigade Bonaparte sera *rayé* de la liste des officiers généraux employés, attendu son *refus* de se rendre au poste qui lui a été assigné.

La neuvième commission est chargée de l'exécution du présent arrêté.

Signé à la minute :

Le Tourneur (de la Manche) : Merlin (de Douai) ; T. Berlier : Boissy ; Cambacérès, *président.*

Pour copie :

L.-A. Pille.

où j'arrivais aussi d'Allemagne un peu après lui. Nous reprîmes nos liaisons habituelles ; il me donna tous les détails de ce qui venait de se passer à la campagne du Midi. Il tenait beaucoup alors à son *Souper de Beaucaire*, qu'il n'avait pas du tout envie de renier, comme il l'a fait depuis... »

Or, c'est au mois de mai 1795 que Bourrienne est arrivé à Paris. A cette époque, Bonaparte avait été destitué. Il n'est nullement question, dans les *Mémoires* de Bourrienne, ni dans ceux de Marmont, de permission ou congé, ni d'attaché au Comité de Salut public. Mais, à quoi bon insister ? Napoléon, à Sainte-Hélène, ne voulait pas avouer qu'il avait été destitué. Il a dit qu'il avait donné sa démission. Avant de quitter le pouvoir, il a dû embrouiller un peu les archives. De là, sans doute, les pièces reproduites par le lieutenant-colonel Jung, dans son livre : *Bonaparte et son temps*.

Du reste, une pièce insérée dans le *Recueil de pièces officielles*, par Frédéric Schoell, tome II, p. 429, tranche la question : « Après le 9 thermidor, y est-il dit, Bonaparte fut noté, arrêté et destitué de son grade, comme un des suppôts de Robespierre. »

Frappé de ce coup, auquel il ne s'attendait pas, Bonaparte rentre dans la vie privée. Il se lie avec son compatriote Salicetti, qui lui remet trois mille francs en assignats, pour prix d'une voiture que ses besoins l'avaient forcé à vendre.

Sans emploi, triste, inquiet, pensif, il envie le bonheur de son frère aîné, qui venait (1er août 1794) d'épouser Mlle Clary et s'écrie en soupirant : « Qu'il est heureux ce coquin de Joseph ! »

Tourmenté du besoin de faire quelque chose, poussé par le manque d'argent et aigri par l'injustice, il demande à quitter la France et à aller à Constantinople se vouer au service du grand seigneur. Il écrit à cet effet au gouvernement français :

« Le général Bonaparte, qui depuis sa jeunesse sert dans l'artillerie, qui l'a commandée au siège de Toulon et à l'armée d'Italie, s'offre au gouvernement pour passer en Turquie avec une mission du gouvernement.

« Il sera utile à sa patrie, dans cette nouvelle carrière, s'il peut rendre plus redoutable la force des Turcs, perfectionner la défense de leurs principales forteresses, en construire. Il aura rendu un vrai service à son pays. »

On ne répondit point à cette demande, et Bonaparte resta à Paris, cherchant toujours à satisfaire son ambition de se produire dans le monde; mais trouvant partout des obstacles, et tout à la fois découragé et dégoûté, il écrit à son ami d'enfance, Bourrienne : « Cherche un petit bien dans ta belle vallée de l'Yonne ; je l'achèterai dès que j'aurai de l'argent. Je veux m'y retirer ; mais n'oublie pas que je ne veux pas de bien national. »

A cette époque de sa vie, Bonaparte était laid. Tout en lui était osseux, jaune, maladif même. Il était coiffé d'un mauvais chapeau rond enfoncé sur les yeux et laissant échapper « ses deux oreilles de chien », suivant l'expression de la duchesse d'Abrantès. Il n'avait pas de gants, parce que, disait-il, c'était une dépense inutile, et portait des bottes mal faites et mal cirées.

« Je remarquai à cette époque (mai 1795), dit Mme de Bourrienne, que son caractère était froid et souvent sombre ; son sourire était faux et souvent mal placé... Nous le voyions presque tous les jours ; il venait souvent dîner avec nous... Nous passâmes six semaines à Paris, et nous allâmes très souvent avec lui au spectacle et aux beaux concerts de Garat, qu'on donnait dans la rue Saint-Marc. Il y avait toujours de l'originalité dans la manière d'être de Bonaparte, car souvent il disparaissait d'auprès de nous, sans rien dire ; et lorsque nous le croyions ailleurs qu'au théâtre, nous l'apercevions aux secondes ou aux troisièmes, seul dans une loge, ayant l'air de bouder. »

Mais bientôt la scène sanglante du 13 vendémiaire an IV (5 octobre 1795) le fit surgir d'une manière tout à fait inattendue. Le sang français qui coula dans cette journée néfaste féconda les germes de l'ambition de Bonaparte, qui écrit, le lendemain, à son ami Bourrienne : « *J'ai mis mon cachet sur la France !* » Et le représentant Barras, l'un des bourreaux du millionnaire Hugues, prononça à la Convention ces paroles, qui dans le temps firent tant de plaisir au futur dictateur : « C'est à lui (Bonaparte), c'est à ses dispositions savantes et promptes qu'on doit la défense de cette enceinte, autour de laquelle il avait distribué des postes avec beaucoup d'habileté. »

La journée de vendémiaire, où le parti monarchique fut vaincu, mit Bonaparte en évidence, le fit sortir de la foule, lui valut le grade de général de division le 16 octobre 1795, le commandement de l'armée de l'intérieur le 26 du même mois, et son mariage avec la veuve du général de Beauharnais, mariage qui fut célébré le 9 mars 1796. Deux des témoins du mariage de Bonaparte furent le débauché et infâme Barras et le proconsul Tallien, tout couvert encore du sang bordelais.

Dans ses *Esquisses historiques sur les principaux événements de la Révolution*, l'honnête et savant Dulaure a porté le jugement suivant sur l'un des témoins du mariage de Bonaparte :

« Tallien, dit-il, fut du nombre de ces hommes vendus, qui, sous le masque d'un patriotisme exagéré, souillèrent la Révolution par leurs exploits sanguinaires, et qui cachaient leur royalisme sous leur bonnet rouge. »

Dans le *Dictionnaire de la Conversation*, (t. XXI, p. 168), l'autre témoin du mariage de Bonaparte n'est guère apprécié plus avantageusement :

« L'infâme Barras, dit Pagès (de l'Ariège), fit enlever Poncelin, le fit porter au Luxembourg : il y fut garrotté, mis à nu et si cruellement fustigé, que le malheureux journaliste paya de sa vie le droit et le courage d'oser dire la vérité en face de la tyrannie. »

Les auteurs de ces atrocités ne pouvaient être que les amis de Bonaparte, dans l'acte de mariage duquel on remarque des supercheries assez graves :

1° On y dit Bonaparte âgé de vingt-huit ans et né le 5 février 1768, alors qu'il était né réellement le 15 août 1769, et qu'il n'avait que vingt-six ans, six mois et vingt-cinq jours.

2° Mme de Beauharnais s'y donne, comme son époux Bonaparte, l'âge de vingt-huit ans et née le 23 juin 1767, alors qu'elle était née réellement le 23 juin 1763, et qu'elle avait trente-deux ans, huit mois et dix-sept jours.

Comment expliquer ces irrégularités ? Faut-il les attribuer à l'ignorance ou à la fraude? Sont-elles le fait d'un faussaire? Nous laissons aux admirateurs du grand homme le soin d'expliquer ces irrégularités.

V

CONQUÊTE DE L'ITALIE

Le 21 mars 1796, douze jours après son mariage, Bonaparte part de Paris pour aller prendre le commandement en chef de l'armée d'Italie, auquel il avait été nommé le 23 février précédent (1).

A peine est-il en possession de son commandement, qu'il répond à une demande de mise en liberté d'un officier retenu contre les lois de la guerre, « qu'un émigré est un enfant parricide, qu'aucun caractère ne peut rendre sacré. »

Le 8 avril 1796, il écrit au Directoire exécutif : « On chantait des chansons contre-révolutionnaires. J'ai fait traduire à un conseil militaire deux officiers prévenus d'avoir crié : *Vive le roi !* » Mais il a hâte de commencer la guerre et son armée manque de tout :

« Soldats ! s'écrie le général révolutionnaire en chef de l'armée d'Italie, vous êtes nus, mal nour-

---

(1) D'après le *Mémorial de Sainte-Hélène*, par Las Cases, t. I, p. 207, et le 2 mars 1796, d'après Jung, t. III, p. 123.

ris, on vous doit beaucoup, on ne peut rien vous donner. Je veux vous conduire dans les plus fertiles plaines du monde. De riches provinces, de grandes villes seront en votre pouvoir, et là vous aurez richesses, honneurs et gloire. Soldats d'Italie, manqueriez-vous de courage ou de constance? »

Ce langage, « précis et figuré », excite, anime l'ardeur guerrière et éveille la cupidité des soldats d'Italie, qui oublient qu'au delà des frontières les succès militaires sont des crimes; les héros, des brigands, et la gloire, infamie.

Un général de cette armée d'Italie, le brave Laharpe, écrit, le 17 avril 1796, de Mioglia, au général en chef Bonaparte :

« Le désordre effréné auquel la troupe se livre et auquel on ne peut remédier, puisqu'on n'a pas le droit de faire fusiller un coquin, nous entraîne vers notre ruine, *nous déshonore* et nous prépare de cruels revers. Mon caractère de fermeté ne pouvant se plier à voir de pareilles choses et encore moins à les tolérer, il ne me reste qu'un parti, celui de me retirer : en conséquence, général, je vous prie d'accepter ma démission et d'envoyer un officier pour prendre le commandement qui m'est confié, préférant labourer la terre pour vivre, à me trouver à la tête de gens qui sont pires que n'étaient autrefois les Vandales. »

C'est à la tête de ces gens que, en quinze jours,

Bonaparte a remporté six victoires, pris vingt et un drapeaux, cinquante-cinq pièces de canon, plusieurs places fortes, conquis la partie la plus riche du Piémont, fait quinze mille prisonniers, tué ou blessé plus de dix mille hommes et est arrivé à dix lieues de Turin :

« Les armées combinées étaient de soixante-quinze mille hommes, écrit-il au Directoire exécutif, le 29 avril 1796, je les ai battues avec trente-cinq mille hommes ; *j'ai besoin de secours*, l'armée des Alpes peut me fournir quinze mille hommes. »

« Mes colonnes, poursuit Bonaparte, sont en marche ; Beaulieu fuit, j'espère l'attraper ; j'imposerai quelques millions de contributions au duc de Parme : il vous fera faire des propositions de paix ; ne vous pressez pas, afin que j'aie le temps de lui faire payer les frais de la campagne, approvisionner nos magasins et remonter nos charrois à ses dépens. »

« Quant à Gênes, conclut l'illustre guerrier, je crois que vous devez lui demander QUINZE MILLIONS en indemnités des frégates et bâtiments pris dans ses ports, et exiger que ceux qui ont fait brûler la *Modeste* et appelé les Autrichiens soient jugés comme traîtres à la patrie. Si vous me chargez de ces objets, que vous gardiez surtout le plus grand secret, je parviendrai à faire tout ce que vous voudrez. »

Mais, connaissant la cupidité des gouvernants, et pour déterminer plus sûrement le gouvernement à lui envoyer les secours dont il a besoin, quoique victorieux, Bonaparte écrit confidentiellement :

1° *Au directeur Carnot :* « Je vous fais passer vingt tableaux des premiers maîtres, du Corrège et de Michel-Ange. »

2° *Au Directoire exécutif :* « Je vous enverrai, le plus tôt possible, les plus beaux tableaux du Corrège, entre autres un Saint-Jérôme, que l'on dit être son chef-d'œuvre. J'avoue que ce saint prend un mauvais temps pour arriver à Paris ; j'espère que vous lui accorderez les honneurs du Muséum. Je vous réitère la demande de quelques artistes connus, qui se chargeront du choix et des détails de transport des choses rares que nous jugerons devoir envoyer à Paris. »

C'est là du pur vandalisme, du vrai brigandage à main armée, et c'est le général Bonaparte qui l'ordonne ; c'est Bonaparte qui préside à ces pirateries artistiques : tel est le début de cette guerre d'Italie, sous le commandement de « ce jeune homme, dont la pensée et la volonté — comme le fait remarquer fort judicieusement l'académicien Thiers — étaient aussi promptes que la foudre », mais dont la conduite était en tous points semblable à celle du pirate Hastings, qui ravagea les bords de la Loire, de 845 à 850, saccagea Bordeaux, Saintes, menaça Tarbes, tourna l'Espagne, et, toujours pillant, arriva jusqu'aux côtes d'Italie, où il était attiré, comme Bonaparte en 1796, par le grand nom et les richesses de la capitale du monde chrétien.

Néanmoins, Bonaparte craint que les soldats, qui viennent de lui décerner le titre de *Petit Caporal*, pour de si nobles et glorieux exploits, ne soient tentés de se reposer après six victoires et tant de richesses et de tableaux enlevés. Il les réunit et leur dit, toujours dans un langage précis et figuré :

« Soldats !

« Il ne faut pas vous le dissimuler, vous n'avez rien fait, puisqu'il vous reste encore à faire. Ni Turin ni Milan ne sont à vous ! Les cendres des vainqueurs de Tarquin sont encore foulées par les assassins de Basseville.

« Vous étiez dénués de tout au commencement de la campagne, vous êtes aujourd'hui abondamment pourvus. Les magasins pris à vos ennemis sont nombreux, l'artillerie de siège et de campagne est arrivée.

« Soldats !

« La patrie a droit d'attendre de vous de grandes choses ! Justifierez-vous son attente ? Les plus grands obstacles sont franchis sans doute, mais vous avez encore des combats à livrer, des villes à prendre, des rivières à passer. En est-il entre vous dont le courage s'amollisse ? En est-il qui préféreraient retourner sur les sommets de l'Apennin et des Alpes, essuyer patiemment les injures de cette soldatesque esclave ?

« Non, il n'en est pas parmi les vainqueurs de Montenotte, de Millésimo, de Dégo, de Mondovi. Tous brûlent de porter au loin la gloire du peuple français ; tous veulent humilier ces rois orgueilleux, qui osaient méditer de nous donner des fers ; tous veulent dicter une paix glorieuse qui indemnise la patrie des sacrifices immenses qu'elle a faits. »

Et cependant, en tenant ce langage, Bonaparte savait qu'être privé de sa chambre natale, du jardin qu'on avait parcouru dans son enfance, et que n'avoir pas l'habitation paternelle, c'était n'avoir point de patrie (1) : il abusait donc de la crédulité et de l'ignorance de son armée.

Quant à la gloire, Bonaparte, comme l'incendiaire du temple de Diane, à Ephèse, s'en faisait une idée fausse : il ignorait que les vraies victoires, les victoires fécondes sont celles de la paix et non de la guerre. C'est la paix qui fait prospérer les hommes et qui remet tous les êtres à leur place véritable.

---

(1) « Tout homme qui n'a ni maison ni propriété, n'a point de patrie, » écrivait en 1776 le général de Saint-Germain, ministre de la guerre.

Par la guerre, on voit les mauvais instincts prévaloir : le meurtre, la rapine et le reste. Aussi tous les hommes de mauvaise vie aiment-ils la guerre ; c'est le seul moyen pour eux de paraître quelque chose.

L'homme de bien sait que la guerre est l'oubli de tous les sentiments humains et une honte dans un siècle éclairé : s'aimer, se bien gouverner, vivre heureusement, voilà quel est à ses yeux le but de l'humanité ; car la réflexion lui fait voir qu'il n'y a rien de plus fou ni de plus extravagant que la fureur guerroyante (1).

Et la raison ne nous apprend-elle pas que l'homme n'a été créé que pour la paix, le travail, l'amour de sa famille et de ses semblables ? « Les hommes et les peuples, déclare le conventionnel Thibaudeau, ne sont pas faits pour se déchirer entre eux, mais pour s'aimer et travailler ensemble, par un échange de services, à se rendre heureux. »

Les peuples qui ne sont pas assez éclairés pour être pénétrés de cette vérité, ou qui sont assez ennemis de leur bonheur pour y rester indif-

---

(1) « Se conserver, se développer, c'est l'aspiration commune à tous les hommes, de telle sorte que si chacun jouissait du libre exercice de ses facultés et de la libre disposition de leurs produits, le progrès social serait incessant, ininterrompu, infaillible. » (*Œuvres de Frédéric Bastiat*, t. IV, p. 344.)

férents, ou assez légers pour la mettre en oubli, travaillent eux-mêmes à se forger des chaînes. C'est ainsi que l'on en voit souvent une partie prêter les mains à subjuguer l'autre.

Tous les peuples ne devraient-ils pas, au contraire, se soutenir, sentr'aider, se liguer contre les projets liberticides de quelques ambitieux ; se rappeler que tous les hommes sont frères et qu'ils sont liés entre eux par une chaîne naturelle, qui est le besoin qu'ils ont les uns des autres ?

Mais pour l'homme qui a dit que : « *mieux vaudrait ne pas avoir vécu que de ne pas laisser des traces de son existence* », la guerre est le moyen le plus sûr pour atteindre ce but ; et cet homme, c'est Bonaparte : il emploiera une partie du genre humain à détruire l'autre ; il fera la guerre pendant près de vingt ans, après avoir lu et relu que les guerres qui se font sans motifs et sans raisons justificatives ne conviennent qu'à des bêtes féroces, et que celles que l'on fait par utilité pour soi-même et sans aucune ombre de justice sont de véritables brigandages : mais ne faut-il pas que le mitrailleur des Toulonnais laisse des traces de sa glorieuse et précieuse existence, et que l'académicien Thiers écrive (t. XVII, p. 804), que « Napoléon a eu une existence prodigieuse » ?

VI

ENTRÉE A MILAN

Quinze jours s'étaient à peine écoulés depuis sa dernière bataille, que le vainqueur de Mondovi marche sur Plaisance, passe le Pô le 7 mai et déborde les Autrichiens par leur gauche, qui accourent division par division se faire battre à Fombio et à Codogno le 8. Le héros leur porte un coup décisif à Lodi, le 10, et se rend maître du cours de l'Adda : le Milanais est à lui.

A la date du 18 mai 1796, il écrit de Milan au Directoire exécutif : « J'ai fait passer à Tortone pour au moins deux millions de bijoux et d'argent en lingots, provenant de différentes contributions. Ils attendront là jusqu'à ce que vous ayez donné des ordres pour leur destination ultérieure. »

Trois jours après, le général Bonaparte annonce au citoyen Faypoult, ministre à Gênes, qu'il a imposé le Milanais à *vingt millions de francs*. « Je vous choisirai, ajoute-t-il, deux beaux chevaux parmi ceux que nous requerrons à Milan ; ils serviront à vous dissiper des ennuis et des étiquettes du pays où vous êtes. Je veux aussi vous faire présent d'une épée. »

Par un arrêté du même jour, Bonaparte autorise l'ordonnateur en chef à requérir, dans les diverses provinces du Milanais, pour les besoins de l'armée, deux mille chevaux de trait, quinze mille habits, cinquante mille vestes, cinquante mille culottes, cent mille chemises, vingt mille chapeaux : le tout livrable dans huit jours.

Le 25 du même mois de mai 1796, il écrit au général Despinoy : « Il est ordonné au général Despinoy, commandant la place de Milan, de créer sur-le-champ une commission militaire composée de cinq officiers de la garnison, pour faire juger, dans la journée, les personnes arrêtées les armes à la main dans l'émeute qui a eu lieu le 23, à Milan, et faire *fusiller* celles qui seront convaincues d'avoir pris part directement ou indirectement à l'insurrection. L'exécution aura lieu, dans le jour, au faubourg du Tessin. »

De Milan, Bonaparte pousse sur le Mincio, bloque Mantoue les 3 et 4 juin, s'empare de Vérone et de Peschiera, et écrit au Directoire exécutif, le 7 juin 1796 : « Le Sénat de Venise vient de m'envoyer deux juges du Conseil pour s'assurer définitivement où en sont les choses. Je leur ai parlé de l'accueil fait à Monsieur. Si votre projet est de tirer de Venise *cinq à six millions*, je vous ai ménagé exprès cette espèce de rupture. Si vous avez des intentions plus *pro-noncées*, je crois qu'il faudrait continuer ce sujet de brouillerie. »

Pavie, s'étant révoltée, est livrée au pillage; les soldats libérateurs de l'Italie se jettent sur les boutiques d'orfèvrerie et s'emparent de beaucoup de bijoux ; ils pillent également le Mont-de-Piété ; rien n'est épargné : palais des nobles, églises, monastères, magasins des marchands, boutiques des artisans, tout est abandonné à la rapacité des soldats du héros de la liberté.

Le clergé, les magistrats demandent « grâce à genoux ». Cette grâce leur est accordée après quelques heures d'horreur; car, il ne faut pas l'oublier : « Bonaparte, affirme l'académicien Thiers, était facile à émouvoir. »

Attendri par les larmes des magistrats de Pavie, le libérateur de l'Italie lance dans la campagne trois cents cavaliers et fait sabrer une grande quantité de paysans qui avaient espéré trouver leur salut dans la fuite. Le héros de la liberté fait partir en même temps Lannes avec douze cents hommes pour aller châtier les fiefs impériaux. Le château d'Augustin Spinola est brûlé. Les Barbets, saisis les armes à la main, sont impitoyablement fusillés. Une expédition a lieu aux environs de Tortone et porte partout la flamme et le fer.

« Sept à huit cents paysans avaient paru vouloir se défendre à *Binasco*. Le général Lannes les charge avec fureur, en tue une centaine et réduit le village en cendres. Les hommes pris les armes à la main, les officiers municipaux des bourgs et villages voisins sont impitoyablement fusillés : *six cents victimes sont égorgées à Milan*. Après cette sanglante expédition, la Lombardie ne présenta plus que des monceaux de ruines. » (*Mémoires pour servir à l'histoire de France,* t. I, p. 245.)

Il reste encore une justice à faire, et c'est sur les Français qu'elle tombe : les trois cents soldats prisonniers dans la citadelle de Pavie ont profité du tumulte pour se joindre aux vainqueurs :

« — Lâches! leur crie Bonaparte, je vous avais confié un poste essentiel au salut de l'armée; vous l'avez abandonné à de misérables paysans sans opposer la moindre résistance !... »

Il veut les faire décimer: mais le capitaine, qui, sur l'ordre du général Haquin, avait rendu la citadelle, devient seul responsable de la conduite de ses soldats : il est traduit devant un conseil de guerre, condamné à mort et fusillé.

En même temps, Bonaparte publie un ordre du jour dont les expressions terribles, ainsi qu'il le déclare lui-même, achèvent d'épouvanter les populations. Cet ordre porte :

« 1° Toutes les communes des fiefs impériaux

enverront trois députés à Tortone avec leur prestation de serment à la République française ; elles fourniront deux otages garants de leur fidélité ;

« 2° Tous les seigneurs possédant fiefs seront tenus de se rendre en personne à Tortone pour prêter le serment d'obéissance à la République ; et si, cinq jours après la notification du présent ordre, ils ne l'ont pas fait, *leurs biens seront confisqués;*

« 3° Vingt-quatre heures après la publication du présent ordre, les communes apporteront à Tortone le montant de la contribution militaire, qui sera augmentée d'un dixième par jour de retard ;

« 4° Ceux qui, quarante-huit heures après la publication du présent ordre, seront trouvés avec des armes ou des munitions, *seront fusillés;*

« 5° Toutes les cloches qui ont servi à sonner le tocsin seront descendues et brisées. Vingt-quatre heures après le reçu du présent ordre, ceux qui ne s'y seront pas soumis seront réputés rebelles, et *le feu sera mis à leurs villages;*

« 6° Les curés et les municipalités sont responsables de l'exécution du présent ordre. »

Le « libérateur de l'Italie », ainsi que l'appelle l'académicien-historien Thiers, reconnaît que ces prescriptions « étaient sévères », mais qu'il fallait en finir ; que les ménagements sont toujours funestes ; que le mal augmente par la mollesse que l'on met à le réprimer, tandis qu'il est rarement dangereux lorsque, dès sa naissance, on l'extirpe avec énergie.

Mais si jamais, pour le malheur des peuples, de pareils sophismes pouvaient être admis, existerait-il sur la terre un endroit assez écarté pour y vivre en paix? Car, si le bien consiste dans les massacres, les incendies et les pillages du conquérant de l'Italie, en quoi le mal pourrait-il consister? Serait-ce dans l'amour de la liberté, du travail et de la paix?

En attendant, ce profond politique continue ses exploits : après avoir écrasé les Piémontais, en avril, à Mondovi ; après avoir battu et bloqué les Autrichiens, dans le mois de mai et les premiers jours de juin, il se propose de détruire la République de Gênes :

« Je ferai brûler les villes et les villages, écrit-il le 14 juin 1796 au Sénat de cette République, sur lesquels on aura commis l'assassinat d'un seul Français ; je ferai brûler les maisons qui donneront refuge aux assassins; je punirai les magistrats ignorants qui auront transgressé les premiers principes de la neutralité en donnant asile aux brigands. »

Le lendemain, 15, il annonce au citoyen Faypoult, ministre de France à Gênes, qu'il a fait arrêter une quinzaine de chefs de brigands, qui assassinaient nos soldats, et qu'ils seront impitoyablement fusillés.

Puis, ayant forcé les Piémontais de lui livrer leurs places et étant parvenu à s'emparer du Milanais, Bonaparte, pouvant piller tout à son aise, écrit au Directoire exécutif, le 21 juin 1796 :

« Les vingt tableaux que doit nous fournir Parme sont partis. Le célèbre tableau de Saint-Jérôme est tellement estimé dans ce pays, qu'on offrait *un million* pour le racheter. Les tableaux de Modène sont également partis (1).

« Le citoyen Barthélemy, ajoute le conquérant de l'Italie, s'occupe dans ce moment à choisir les tableaux de Bologne : il compte en prendre une cinquantaine, parmi lesquels se trouve la Sainte-Cécile, qu'on dit être le chef-d'œuvre de Michel-Ange.

« Monge, Berthollet et Thouin sont à Pavie, où ils s'occupent à enrichir notre jardin des plantes et notre cabinet d'histoire naturelle. J'imagine qu'ils n'oublieront pas une collection complète de

---

(1) Indépendamment de ces tableaux, Bonaparte avait exigé :

1º Du duc de Parme : une contribution militaire de deux millions de livres, plus 1,700 chevaux, 2.000 bœufs, 10,000 quintaux de blé et 5,000 quintaux d'avoine ;

2º Du duc de Modène : une somme de sept millions cinq cent mille livres, monnaie de France, et deux millions cinq cent mille livres en denrées, poudre et autre munitions de guerre. (*Correspondance de Napoléon I*er, publiée par ordre de Napoléon III, tome I*er*, pp. 302 et 349.)

serpents, qui m'a paru bien mériter la peine de faire le voyage. Je pense qu'ils seront après-demain à Bologne, où ils ont aussi une abondante récolte à faire. »

Mais ce qui dut rendre l'envoi de ces tableaux plus agréable au Directoire exécutif, ce fut une somme de *deux millions* que Bonaparte mettait à sa disposition, en lui annonçant qu'il acquitterait dorénavant les lettres de change qu'on tirerait sur lui :

« Deux millions en or, écrit-il aux membres du Directoire exécutif, sont en route, en poste, pour se rendre à Paris ; donnez des ordres pour leur escorte depuis Lyon. Le ministre des finances peut tirer des lettres de change, pour quatre ou cinq millions, qui seront exactement soldées. Il part demain, de Milan, cent chevaux de voiture, les plus beaux qu'on ait pu trouver dans la Lombardie ; ils remplaceront les chevaux médiocres qui attèlent vos voitures. »

N'est-ce pas là une preuve irréfutable que l'académicien Thiers a raison de dire que « Bonaparte ne négligeait rien pour honorer l'Italie, pour réveiller son orgueil et son patriotisme » ?

« Non, non, ajoute le héros de la rue Transnonain, Bonaparte n'était point un conquérant barbare qui venait ravager l'Italie : c'était un héros de la liberté venant ranimer le flambeau du génie dans l'antique patrie de la civilisation. »

Pour nous, il est incontestable que la lettre adressée par Bonaparte au Directoire exécutif, le 21 juin 1796, est l'entière justification de cette appréciation de l'académicien Thiers.

Comme l'auteur de l'épopée bonapartiste, le Directoire exécutif trouvait tout naturel l'enlèvement des objets d'art auxquels l'Italie devait en grande partie ses richesses et son illustration. L'honnête Carnot écrivait de Paris à l'allumeur du flambeau de l'Italie :

« Le Muséum national doit renfermer les monuments les plus célèbres de tous les arts, et vous ne négligerez pas de l'enrichir de ceux qu'il attend des conquêtes actuelles de l'armée d'Italie, et de celles qui lui sont encore réservées.

« Cette glorieuse campagne, en mettant la République en mesure de donner la paix à ses ennemis, doit encore réparer les ravages du vandalisme dans son sein, et joindre à l'éclat des trophées militaires le charme des arts bienfaisants et consolateurs.

« Le Directoire exécutif vous invite donc, citoyen général, à choisir un ou plusieurs artistes destinés à rechercher, à recueillir et à faire transporter à Paris les objets de ce genre *les plus précieux*. »

Afin de remplir dignement les vues de l'honnête directeur Carnot, qui étaient, du reste, celles de tous les membres du Directoire exécutif et du vertueux Bonaparte, on enleva l'argenterie et les trésors des églises ; on dépouilla les maisons religieuses ; on mit la main jusque sur les Monts-de-Piété et les caisses des hôpitaux : les réclamations des villes, les plaintes des particuliers, les larmes du pauvre, rien ne put fléchir le « héros de la liberté », comme l'appelle l'historien du Consulat et de l'Empire.

« Les trésors des Monts-de-Piété, dit l'auteur des *Mémoires pour servir à l'Histoire de France*, passèrent dans les caisses de Bonaparte. Le butin fut immense ; on avait porté à vingt millions les contributions qui devaient être levées sur toute la Lombardie : le seul Mont-de-Piété de Milan en fournit dix-neuf ; la caisse des hôpitaux cinq ; on en tira trois du mobilier de l'archiduc Ferdinand, de la bibliothèque et des effets précieux des conseillers de conférence fugitifs. On vendit, aux particuliers qui avaient ordre de rentrer à Milan, la permission de rester à la campagne, et l'on tira de cet objet deux millions deux cent mille livres ; les rançons des otages produisirent quinze cent mille livres ; de sorte que, dans le seul ressort de Milan, L'IMPOT DE GUERRE EXCÉDA DE DIX MILLIONS SEPT CENT MILLE LIVRES LA CONTRIBUTION GÉNÉRALE. »

Nous avouons ne pas comprendre comment de pareils actes ont pu honorer l'Italie, réveiller son orgueil et exciter son patriotisme, ainsi que le déclare l'académicien-historien Thiers. Il semble, au contraire, que l'Italie ne devait voir qu'avec douleur les plus beaux monuments des arts passer entre les mains du général Bonaparte.

Ces statues, ces tableaux, chefs-d'œuvre de génie, étaient comme autant de divinités protectrices dont l'Italie ne pouvait consentir à se séparer ; et s'il est vrai que, en s'en emparant, Bonaparte honorait l'Italie, pourquoi les Italiens pleuraient-ils la perte de ces hôtes antiques, que des Français avides arrachaient de leur sol natal pour les exiler sur un sol étranger, conformément aux vues de l'honnête Carnot et du désintéressé Bonaparte ?

Le lendemain, 22 juin 1796, ce héros de la liberté, « né pour gouverner », écrit au citoyen ministre Faypoult : « Je vous charge spécialement de prendre les moyens les plus efficaces pour que l'*argent*, les *bijoux et autres objets précieux*, appartenant à la République et qui se trouvent à Gênes, soient bientôt évacués de cette place. »

De Bologne, le 23 juin 1796, Bonaparte prescrit au général Augereau de se rendre de sa personne à Imola ; puis d'aller avec ses troupes à Faenza, d'y désarmer tous les habitants, d'enlever toutes les caisses, ainsi que tous les objets qui se trouvent au Mont-de Piété, « hormis ceux au-dessous de 200 livres ». Il est prescrit, en outre, à Augereau d'imposer une contribution sur toute la province de la Romagne de 1,200,000 livres en argent et 1,200,000 livres en denrées, « pour acompte desquelles il prendra 1,000 chevaux. »

Quelques jours après, « Bonaparte, qui estimait l'honnêteté, qui l'a toujours aimée chez les hommes, ce qui est, dit l'académicien Thiers, un goût naturel et intéressé chez un homme né pour gouverner », — Bonaparte suggère au Directoire exécutif une idée digne de Louis le More ou d'Ignace de Loyola et de la sainte compagnie de Jésus.

« Peut-être jugerez-vous à propos, écrit-il au Directoire, de commencer dès à présent une petite querelle au ministre de Venise à Paris, pour que, après la prise de Mantoue et que j'aurai chassé les Autrichiens de Brenta, je puisse trouver plus de facilité pour la demande que vous avez l'intention que je leur fasse de quelques millions. »

En même temps, le conquérant de l'Italie prescrit à notre ministre à Gênes de faire passer promptement, à Tortone, tout ce qui se trouve chez un certain M. Balbi : « L'intention du Directoire, dit Bonaparte, est de réunir tout à Paris, pour faire une grande opération de finance. *J'y ferai passer trente millions.* »

Ne voulant perdre aucune occasion de justifier

l'opinion qu'exprimait Mirabeau, le 20 juin 1790 :
« L'armée, déclarait-il, donne des instruments de
« brigandage à quiconque voudrait faire le métier
« de voleur en grand : Mandrin peut aujourd'hui de-
« venir roi d'une et même de plusieurs provinces ; »
— Bonaparte écrit de Bologne, le 2 juillet 1796,
au Directoire exécutif : « J'ai vu, à Florence, la
célèbre Vénus, qui manque à notre Muséum, et
une collection d'anatomie en cire, qu'il ne serait
pas indifférent d'avoir. »

C'est ainsi, dirons-nous avec l'historien Thiers,
que « l'armée d'Italie remplissait avec gloire la
tâche qui lui était imposée dans le plan général
de campagne », gloire immortelle que le général
Dallemagne constatait en ces termes, dans une
lettre adressée de Maleo au général en chef Bonaparte :

« J'ai fait, général, de vains efforts jusqu'à ce
jour pour arrêter le pillage. Les gardes que j'ai
établies ne remédient à rien ; le désordre est à
son comble. Il faudrait des exemples terribles ;
mais, ces exemples, j'ignore si j'ai le pouvoir de
les donner. L'homme honnête et sensible souffre
et se déshonore en marchant à la tête d'un corps
où les mauvais sujets sont si nombreux. »

A la date du 20 juillet 1796, l'homme honnête
et sensible qui marchait à la tête de l'armée
d'Italie nous fait voir, dans une dépêche adressée
au Directoire, qu'il méritait réellement les quali-

fications de *comediante* et de *tragediante*, que lui donna plus tard le pape Pie VII :

« Je suis obligé, écrit-il à nos cinq rois du Luxembourg, de me fâcher... d'exagérer les assassinats qui se commettent contre mes troupes ; de me plaindre amèrement de l'armement qu'on n'a pas fait du temps que les impériaux étaient les plus forts, et, par là, je les obligerai à nous fournir, pour m'apaiser, tout ce qu'on voudra. Voilà comme il faut traiter ces gens-ci ; ils continueront à me fournir, moitié gré, moitié force, jusqu'à la prise de Mantoue, et alors je leur déclarerai ouvertement qu'il faut qu'ils me payent la contribution portée dans votre instruction, ce qui sera facilement exécuté. »

Mais Gênes, Venise, le Piémont et le Milanais ne peuvent pas satisfaire la cupidité du gouvernement français et du « libérateur de l'Italie » : Rome doit contribuer à les enrichir ; et le futur restaurateur du trône et de l'autel écrit, le 21 juillet 1796, au citoyen Cacault, agent de la République française, envoyé à Rome :

« Vous ferez partir les *cinq millions*, qui doivent former le PREMIER PAIEMENT ; savoir : deux millions au quartier général, dont reçu sera donné par le payeur de l'armée, et le reste à Tortone. Il faudra que le premier convoi se mette en marche de Rome, vingt-quatre heures après votre arrivée.

« Les *cinq millions,* qui doivent former le SECOND PAIEMENT, devront partir de Rome peu de jours après le premier, puisque, selon l'armistice, ils doivent partir le 5 thermidor (23 juillet 1796).

« Les *cinq millions cinq cent mille livres,* qui forment le DERNIER PAIEMENT, doivent partir de Rome le 5 vendémiaire (26 septembre 1796).

« Les savants et les artistes qui doivent faire le choix des tableaux, manuscrits et statues, s'adresseront à vous et vous leur donnerez la protection nécessaire en faisant les démarches qu'il conviendra. S'il était utile, pour les frais de transport, de donner des fonds aux artistes, vous les feriez prendre sur les fonds provenant des contributions du pape (1).

« Sur les cinq millions cinq cent mille livres, que le pape doit nous fournir en dernier paiement, quatre millions sont destinés pour la marine. Le ministre de la marine doit envoyer, à cet effet, des commissaires.

---

(1) Il est dit, à l'article 8 de l'armistice du 23 juin 1796, entre la République française et le pape : « Le pape livrera à la République française cent tableaux, bustes, vases ou statues, au choix des commissaires qui seront envoyés à Rome, parmi lesquels objets seront notamment compris le buste, en bronze, de Junius Brutus et celui, en marbre, de Marcus Brutus, tous les deux placés au Capitole, et cinq cents manuscrits au choix desdits commissaires. » (*Correspondance de Napoléon I*er, tom. Ier, p. 527.)

« En conséquence de la décision du Directoire et de la Commission, arrêtée à Florence par M. d'Azara, le pape se trouve tenu de payer les contributions qui avaient été imposées sur la légation de Ravenne, montant à un million deux cent mille francs en denrées, et à un million deux cent mille francs en argent. »

Etait-il possible de remplir avec plus de gloire la tâche qui était imposée au « libérateur de l'Italie » dans le plan général de campagne ?

VII

QUATRIÈME ANNIVERSAIRE DE LA RÉPUBLIQUE FRANÇAISE

Pendant que nos commissaires et nos administrateurs font rentrer les contributions, et que nos artistes et nos savants dépouillent les bibliothèques et pillent les musées, les palais et les églises d'Italie, le « héros de la liberté », le général Bonaparte continue à tuer et à faire tuer des hommes :

« Courage, Bonaparte, lui écrit Hoche, conduis à Naples, à Vienne, nos armées victorieuses, réponds à tes ennemis personnels en humiliant les rois, en donnant à nos armes un lustre nouveau. Ah ! brave jeune homme, quel est le militaire républicain qui ne brûle du désir de t'imiter ? »

Le brave jeune homme lève le siége de Mantoue dans la nuit du 31 juillet au 1ᵉʳ août 1796 ; livre la bataille de Lonato le 3 août ; rallie ses colonnes dans la journée du 4, et, à la tête de vingt-cinq mille hommes, il gagne, le lendemain, la bataille de Castiglione. L'ennemi, mis dans une déroute complète, fuit en désordre au delà du Mincio. Bonaparte le poursuit avec la division Serrurier. Il arrive devant Vérone dans la nuit du 7, pénètre dans la ville à coups de canon, en chasse l'ennemi, qui se retire à Roveredo et à Trente, et l'armée française revient assiéger Mantoue.

A la suite de ces glorieux exploits, notre historien national, l'académicien Thiers, s'écrie : « A quelle époque de l'histoire avait-on vu de si grands résultats, tant d'ennemis tués, tant de prisonniers, de drapeaux, de canons enlevés ? Ces nouvelles répandirent de nouveau la joie dans la Lombardie et la terreur dans le fond de la Péninsule. La France fut transportée d'admiration pour le général de l'armée d'Italie. »

En s'exprimant ainsi, l'académicien Thiers ment impudemment, il en impose audacieusement à la postérité ; car, presque au moment même où il prétend que la France était transportée d'admiration pour le général de l'armée d'Italie, voici ce que Bonaparte écrivait au Directoire exécutif :

« *Au quartier général de Milan, 14 juillet 1796.*

« Citoyens directeurs,

« Je vous dois une explication franche et complète, mon âme est abreuvée de dégoût et flétrie des attaques continuelles que les journaux de Paris me font subir. Vendus aux ennemis de la République, ils tombent sur moi qui la défends; lorsque j'interdis le pillage, c'est que je le protège; lorsque je parle le langage qui convient à un général en chef, j'affecte le despotisme; si je prends des mesures réglementaires et de conservation, j'usurpe la souveraineté : quoi que je fasse, tout se change en crime; le venin découle sur moi. Si, en Italie, on osait dire la millième partie de ces horreurs, j'imposerais un silence terrible : à Paris, on les souffre, et les tolérer c'est les encourager.

« Le Directoire reçoit de tout cela des impressions qui me sont défavorables. S'il me soupçonne, qu'il me parle, je me justifierai ; s'il croit à ma loyauté, qu'il me venge. C'est un cercle dans lequel je le renferme avec moi, et dont je ne veux pas sortir.

« Je tâche d'être utile à la patrie : est-ce une coupe de poison qu'elle me fera boire pour récompense? Je ne me paierai plus de vaines défaites, et si justice ne m'est pas rendue, je me la rendrai moi-même, et complètement, je vous en réponds.

« Salut et fraternité.

« BONAPARTE. »

La fausseté des assertions de l'historien-académicien Thiers ne ressort-elle pas de cette lettre? Non, non, la France n'a pas été transportée d'admiration pour le général de l'armée d'Italie en apprenant les brigandages qu'il y commettait. La réfutation de cette étrange affirmation de l'historien du Consulat et de l'Empire se trouve dans la réponse même du Directoire exécutif à la lettre ci-dessus :

« Le Directoire, est-il dit dans cette réponse faite par Larevellière-Lépeaux, à la date du 31 juillet 1796, le Directoire voit avec indignation la coalition avec laquelle des folliculaires se sont permis d'attaquer la loyauté, la constante fidélité de vos services. Il se doit à lui-même le démenti formel qu'il donne aux absurdes calomnies que leur a fait hasarder le besoin d'entretenir la malignité par quelques récits qui puissent l'aiguillonner et faire lire leurs productions. »

Au lieu d'éprouver un transport d'admiration pour le général qui ravageait l'Italie, la France voyait avec inquiétude s'élever dans les rangs des Jacobins un homme dont les talents et le caractère pouvaient menacer un jour la liberté publique. On ne trouvait point dans ses actions cette grandeur d'âme, cette générosité, cette modestie qui distinguent éminemment les hommes nés pour la gloire et le bonheur de leurs semblables. Ses rapines, ses cruautés, la prodigalité avec laquelle il versait le sang humain, et qui faisait dire à Kléber : « *Bonaparte est un général à six mille hommes par jour* », inspiraient de justes alarmes. On lui portait des coups qui tendaient à miner l'édifice de sa réputation. On lui adressa, dans un papier public, sous le nom de Montesquieu, l'avis suivant :

« *Montesquieu à Buonaparte.*

« Les conquêtes sont aisées à faire, parce qu'on les fait avec toutes ses forces. Elles sont difficiles à conserver, parce qu'on ne les défend qu'avec une partie de ses forces.

« Dans les conquêtes, il ne suffit pas de laisser à la nation vaincue ses lois ; il est peut-être plus nécessaire de lui laisser ses mœurs, parce qu'un peuple connaît, aime et défend toujours plus ses mœurs que ses lois.

« Les Français ont été chassés neuf fois de l'Italie, à cause, disent les historiens, de leur insolence envers les femmes et les filles. C'est trop pour une nation d'avoir à souffrir la fierté du vainqueur, et encore son incontinence, et encore son indiscrétion sans doute plus fâcheuse, parce qu'elle multiplie à l'infini les outrages. »

Le général en chef de l'armée d'Italie ne tint aucun compte, bien entendu, de cet avis de Montesquieu, et accusa réception en ces termes de la réponse du Directoire exécutif :

« Au quartier général de Brescia, le 26 thermidor, an IV
(13 août 1796).

« *Le général en chef Bonaparte au
Directoire exécutif.*

« J'ai reçu avec reconnaissance, citoyens directeurs, le nouveau témoignage d'estime que vous m'avez donné par votre lettre du 13 thermidor (31 juillet 1796). Je ne sais pas ce que MM. les journalistes veulent de moi. Ils m'ont attaqué dans le même temps que les Autrichiens. Vous les avez écrasés par la publication de votre lettre. J'ai complètement battu les Autrichiens; ainsi jusqu'à cette heure, ces doubles tentatives de nos ennemis ne sont pas heureuses.

« Bonaparte. »

Ayant été informé la veille, 12 août 1796, que quelques désordres avaient eu lieu sur ses derrières, Bonaparte avait écrit aux sénateurs de Bologne :

« J'apprends, messieurs, que les ex-jésuites, les prêtres et les religieux troublent la tranquillité publique. Faites-leur connaître que dans le même temps que la République française protège la religion et ses ministres, elle est inexorable envers ceux qui, oubliant leur état, se mêlent des affaires politiques ou civiles. Prévenez les chefs des différentes religions que, à la première plainte qui sera portée contre les religieux, j'en rendrai tout le couvent responsable, je les chasserai de la ville et je confisquerai leurs biens au profit des pauvres. »

Pour que la correction suive de près la menace, les mesures ci-après sont ordonnées, le 14 août 1796, avec ce bon sens qui est, assure l'académicien Thiers, la seule conscience des conquérants :

« BONAPARTE, général en chef de l'armée d'Italie,

« Voulant punir la conduite criminelle des habitants de la province de Casal-Maggiore pendant la retraite des Français ;

« *Ordonne :*

« 1° Que toutes les armes seront portées, sous vingt-quatre heures, dans les magasins de la République, à Casal-Maggiore ;

« 2° La province de Casal-Maggiore paiera une contribution militaire d'un million, numéraire de France, en argent ou en lingots, lequel sera mis entre les mains du payeur de l'armée pour servir à solder les pertes que les différents officiers ont faites dans cette circonstance. Cette imposition sera payée 500,000 livres sous trois jours, et le reste dans la décade ;

« 3° Toutes les cloches des villages qui ont

sonné le toscin seront envoyées à Casal-Maggiore, embarquées sur le Pô et transportées à Alexandrie ; les habitants seront tenus de les descendre et paieront les frais de transport ;

« 4° Il sera fait une recherche des auteurs et des plus coupables, qui seront arrêtés et traduits devant une commission militaire, pour être jugés et punis proportionnellement à la nature de leurs délits. »

Il est ordonné au général de brigade Murat, de partir sur-le-champ pour Casal-Maggiore avec une colonne mobile destinée à assurer, dans un délai de trois ou quatre jours, l'exécution rigoureuse des mesures ordonnées par le libérateur de l'Italie.

En même temps, le général Augereau se porte avec sa division à Lugo, bourg considérable de la légation de Ferrare. La ville est cernée, prise d'assaut, livrée au pillage et à toutes les horreurs de la guerre. Les hommes en état de porter les armes sont massacrés : à peine épargne-t-on les femmes et les enfants. Les effets pillés sont vendus à l'encan, et le brave Augereau, de retour au quartier général de Bologne, fait une proclamation pour honorer l'Italie, réveiller son orgueil et son patriotisme, et dont les termes méritent d'être rappelés :

« Toute personne, y est-il dit, qui, dans les

vingt-quatre heures, n'aura pas déposé ses armes, sera *fusillée*.

« Toute ville ou village où l'on trouvera un Français assassiné, sera *livré aux flammes*.

« Tout habitant convaincu d'avoir tiré sur un Français, sera *fusillé et sa maison brûlée*.

« On brûlera également tout village qui s'armera ; enfin, tout chef d'attroupement sera *puni de mort*. »

Par un arrêté du 30 août 1796, le « héros de la liberté » étend ces mesures civilisatrices à tout le Tyrol :

« Tout Tyrolien, écrit Bonaparte, faisant partie des compagnies franches, pris les armes à la main, sera sur-le-champ *fusillé*.

« Les communes dont les compagnies de Tyroliens ne seraient pas rentrées à notre arrivée, ajoute le « libérateur de l'Italie » seront *incendiées* ; les habitants seront pris en otages et envoyés en France.

« Les généraux de division seront chargés de la stricte exécution du présent arrêté. »

C'est ainsi qu'une grande âme se communique à une vaste masse, la remplit de son feu, parvient à se créer une place dans les hauteurs de l'histoire du genre humain et excite l'admiration ardente de l'académicien Thiers.

Ayant rempli de son feu l'armée dont il est le général en chef, Bonaparte se transporte sur l'Adige, « fleuve qui a été le théâtre de si magnifiques événements » ; il poursuit ses succès à Roveredo, le 4 septembre ; à Bassano, le 8 ; à Saint-Georges, le 19, et renferme dans Mantoue le général Wurmser, après l'avoir complètement battu.

A propos de cette dernière affaire, Masséna écrit à Bonaparte : « J'ai lu votre rapport de la bataille de Saint-Georges, mon général, et de l'affaire de Cerea. C'est avec la dernière surprise que j'ai vu que vous faites l'éloge de quelques généraux qui, bien loin d'avoir contribué au succès de cette heureuse journée, ont failli faire écraser une colonne de ma division destinée à l'attaque de la Favorite, et vous ne dites pas un mot de moi ni de Rampon !

« J'ai aussi, continue Masséna, à me plaindre de vos rapports de Lonato et de Roveredo, dans lesquels vous ne me rendez pas la justice que je mérite. Cet oubli me déchire le cœur et jette du découragement dans mon âme. Je rappellerai, puisqu'on m'y contraint, que le gain de la bataille de Saint-Georges est dû à mes dispositions militaires, à mon activité et à mon sang-froid à tout prévoir. »

Rentré à Milan, le 22 septembre 1796, Bonaparte y célèbre, avec une pompe toute d'enthousiasme, le quatrième anniversaire de la fondation de la République française, célébration que le gouvernement de l'académicien Thiers a interdite en France, le 22 septembre 1872, et le gouvernement du maréchal Mac-Mahon les années suivantes (de 1873 à 1877), sous l'incroyable régime de la *République sans républicains ;* mot d'une immoralité paradoxale dû au cynisme révoltant de l'académicien Thiers.

« Ma femme, dit Bonaparte, assista à cette solennité. Nouvellement arrivée en Italie, où son désir et le mien l'avaient appelée, elle m'aidait à faire les honneurs du quartier-général, sorte de fonctions auxquelles elle était très-habile.

« Les Milanais firent voir dans cette journée, par la pompe qu'ils déployèrent, toute la richesse de leur imagination. On orna les rues, les monuments publics avec un mélange de draperies, d'étoffes précieuses, de guirlandes de fleurs, de verdure ; on peignit à fresque les façades des maisons, l'intérieur des palais publics et du gouvernement. Le peintre Appiani se distingua et fit véritablement preuve de génie.

« Sur la place du Dôme, ajoute Bonaparte, s'élevait un temple à la LIBERTÉ, construit dans le goût antique ; il se faisait remarquer par l'élégance de son architecture ; la déesse qu'on devait y adorer n'était pas une statue inanimée, mais une jeune fille, belle, fraîche, faite à ravir et brillante de santé, vêtue de blanc avec une tunique bleue et un manteau rouge, couronnée de laurier et d'olivier, tenant à la main une lance à laquelle flottait le drapeau tricolore milanais ; elle monta sur un char doré, enrichi de bas-reliefs allégoriques et traîné par six chevaux blancs ; autour de la Liberté et sur les marches de son trône, six jeunes gens, vêtus à l'antique, tenaient des bannières sur lesquelles étaient écrits les noms des quatorze armées de la France qui avaient combattu pour l'indépendance et l'égalité.

« Les autorités de la ville, des détachements de toutes les armes et de la garde nationale, les prêtres de la nouvelle divinité en costume, suivaient le char ; on chantait des hymnes, on brûlait des parfums, on semait des fleurs sur le pavé des rues, on jetait des fruits et des dragées, et des symphonies militaires achevaient de donner à cette cérémonie un air d'allégresse qui, du reste, éclatait sur toutes les physionomies.

« Joséphine, avec une société nombreuse, conclut Bonaparte, assista à l'entrée de la LIBERTÉ dans son temple ; elle avait pris place au balcon du *casino di recreazioni*, situé sur la place du Dôme, et la LIBERTÉ lui envoya une couronne de fleurs ; cette déesse, dans sa course à travers la ville, était venue se faire inscrire à mon palais, accompagnée de la VICTOIRE ; enfin, lorsque les deux déesses eurent reçu l'hommage des Italiens et des Français, elles rentrèrent à la municipalité et leur rôle fut fini. »

Français, est ce qu'à la lecture de ce récit de la célébration du quatrième anniversaire de la fondation de la République française, votre âme ne se soulève pas d'indignation contre ce petit vieillard entêté qui vous a interdit la célébration du quatre-vingtième anniversaire de la fondation de la République française ?

Est-ce que ce récit ne devrait pas remplir de confusion le chef du gouvernement de l'ordre moral qui, de 1873 à 1877, a interdit la célébration de l'anniversaire de la fondation de la République française, après s'être fait le complice de l'académicien Thiers dans le conflit sanglant que l'histoire compare aux massacres de 1793, à Lyon, par le terroriste Fouché, d'infâme mémoire?

« La reprise de possession de Lyon, lit-on dans l'œuvre littéraire la plus colossale du XIXᵉ siècle, offre les analogies les plus frappantes avec la soumission de Paris par les troupes de Versailles, après la Commune de 1871... *et il faut dire que les exécutions sommaires de la reprise de Paris ont bien dépassé, par le nombre et par le manque de toutes formes judiciaires, les scènes terribles dont Lyon avait été précédemment le théâtre.* »

Sept jours après la célébration du quatrième anniversaire de la République, le Directoire écrivit à Bonaparte: « Nous pressons la marche d'un renfort d'environ dix mille hommes que nous vous destinons. »

Ce renfort étant insuffisant, Bonaparte répond au Directoire : « Si vous persistez à faire la guerre à Rome et à Naples, il faut vingt-cinq mille hommes de renfort, qui, joints aux vingt mille nécessaires pour tenir tête à l'empereur, font un renfort de quarante-cinq mille hommes qu'il faudrait. »

Six jours après l'envoi de cette réponse, le libérateur de l'Italie insiste sur la nécessité des secours qu'il demande : « Des troupes, des troupes, dit-il au Directoire, si vous voulez conserver l'Italie. »

A la date du 8 octobre 1796, et au moment où il se trouvait à Milan, entouré d'une partie de son armée et des hauts fonctionnaires, Bonaparte écrit encore au Directoire exécutif : « Je suis ici environné de voleurs, j'ai déjà trois commissaires des guerres, deux administrateurs et des officiers au conseil de guerre. »

Le surlendemain, 10 octobre, il dit à son chef d'état-major : « Vous voudrez bien, général, donner l'ordre de faire arrêter l'officier qui commandait le poste de la Chiuza, lors de l'affaire du 11 thermidor, et le faire traduire au conseil militaire, comme traître ou lâche, ayant rendu ce poste sans raison et sans y être forcé. »

Le 12, il écrit de nouveau au Directoire exécutif, au sujet des voleurs qui l'entouraient :

« Depuis que je suis à Milan, citoyens directeurs, je m'occupe de faire la guerre aux fripons.

« La compagnie Flachat n'est qu'un ramassis de fripons sans crédit réel, sans argent et sans moralité :

« 1° Ils ont reçu quatorze millions, ils n'en ont payé que six et ils refusent d'acquitter les mandats donnés par la trésorerie, à moins de quinze ou vingt pour cent. Ces honteuses négociations se font publiquement à Gênes ;

« 2° Ils ne fournissent aucune bonne marchandise à l'armée, les plaintes me viennent de tous côtés ; ils sont même fortement soupçonnés d'avoir fait pour plus de quatre-vingt mille quintaux de blé en versements factices, en corrompant les garde-magasins (1).

« Le citoyen Lacheze, consul à Gênes, est un fripon : sa conduite à Livourne, en faisant vendre des blés à Gênes à vil prix, en est la preuve.

« Les marchandises ne se vendent pas à Li-

(1) Au lieu de ce langage, on trouve dans la *Correspondance de Napoléon Ier*, publiée par ordre de l'empereur Napoléon III (t. Ier, page 724) : « La compagnie Flachat, citoyens directeurs, est composée d'hommes fort intelligents et très-actifs : on ne pouvait pas confier dans de meilleures mains les marchandises prises à l'ennemi, à l'armée d'Italie. » — Quelle confiance peut-on accorder, après cela, à la publication faite par le second empire ?

vourne. Je viens de donner des ordres à Flachat de les faire vendre ; mais je parie que, grâce à tous ces fripons réunis, cela ne rendra pas deux millions, ce qui devrait en rendre sept au moins.

« Le commissaire ordonnateur Gosselin est un fripon : il a fait des marchés de bottes à trente-six livres, qui ont été renouvelés depuis à dix-huit livres.

« Enfin, vous dirai-je qu'un commissaire des guerres, *Flack*, est accusé d'avoir vendu une caisse de quinquina que le roi d'Espagne nous envoyait? D'autres ont vendu des matelas ; mais je m'arrête, tant d'horreurs font rougir d'être Français. La ville de Crémone a fourni plus de cinquante mille aunes de toile fine pour les hôpitaux, que ces fripons ont vendue : il vendent tout.

« Vous avez calculé, sans doute, poursuit Bonaparte, que vos administrateurs voleraient, mais qu'ils feraient le service et auraient un peu de pudeur : ils volent d'une manière si ridicule et si impudente, que, si j'avais un mois de temps, il n'y en a pas un qui ne pût être fusillé. Je ne cesse d'en faire arrêter et d'en faire mettre au conseil de guerre ; mais on achète les juges : c'est ici une foire, tout se vend. Un employé accusé d'avoir mis une contribution de 18,000 fr. sur Salo, n'a été condamné qu'à deux mois de fers. Et puis, comment voulez-vous prouver ? ils s'étayent tous.

« *Thévenin* est un voleur, il affecte un luxe insolent : il m'a fait présent de plusieurs très beaux chevaux dont j'ai besoin, que j'ai pris, et dont il n'y a pas eu moyen de lui faire accepter le prix. Faites-le arrêter et retenir six mois en prison, il peut payer 500,000 fr. de taxe de guerre en argent : cet homme ne fait pas son service. Les charrois sont pleins d'émigrés; ils s'appellent *royal charrois*, et portent le collet vert sous mes yeux ; vous pensez bien que j'en fais arrêter souvent ; mais ils ne sont pas ordinairement où je me trouve.

« *Sonolet*, agent des vivres jusqu'aujourd'hui, est un fripon. *Ozon* est un fripon et ne fait jamais son service. *Collot* fait son service avec exactitude, il a du zèle et plus d'honneur que ces coquins-là. »

A la grande joie de tous ces coquins-là, Bonaparte part de Milan le lendemain pour l'armée. Il est à Modène le 17, d'où il fait part au Directoire exécutif des réflexions suivantes :

« Si nous devenons maîtres de la Méditerranée, je crois qu'on doit exiger du commerce de Livourne cinq ou six millions de francs, au lieu de deux qu'il offre pour indemniser des marchandises qu'il a aux Anglais.

« Enfin, citoyens directeurs, plus vous nous enverrez d'hommes, plus non seulement nous les nourrirons facilement, mais encore *plus nous lèverons de contributions au profit de la République*.

« L'armée d'Italie a produit dans la campagne d'été VINGT MILLIONS DE FRANCS à la République, indépendamment de sa solde et de sa nourriture : elle peut en produire le double pendant la campagne d'hiver, si vous nous envoyez en recrues et en nouveaux corps une trentaine de mille hommes. Rome et toutes ses provinces, Trieste et le Frioul, même une partie du royaume de Naples, deviendront notre proie ; mais, pour se soutenir, il faut des hommes. »

De Modène, Bonaparte prescrit au général Gentili, ce même jour 17 octobre 1796, de passer en Corse, pour y commander cette division :

« Arrivé dans cette île, lui dit-il, vous ferez arrêter et juger par une commission militaire, les quatre députés qui ont porté la couronne au roi d'Angleterre, les membres du gouvernement et les meneurs de cette infâme trahison, entre autres les citoyens *Pozzo di Borgo, Bertholami, Piraldi, Stefanopoli, Tartarolo, Filipi* et l'un des chefs de bataillon qui seront convaincus d'avoir porté les armes contre les troupes de la République... Vous ferez également arrêter tous les émigrés, s'il en est qui eussent l'audace de continuer leur séjour dans les terres occupées par les troupes républicaines. »

Telle était la manière dont le libérateur de l'Italie s'occupait des affaires de la République au milieu et dans l'automne de l'année 1796,

« année, sans doute, dit-il, la plus importante de ma vie, puisqu'elle fut le germe de tout ce que j'ai fait depuis de remarquable, et dont le souvenir retentira dans la postérité. » (*Mémoires dictés à l'île d'Elbe*, tome II, p. 383.)

Deux jours après, ne se rappelant plus qu'il avait ordonné, le 30 août de cette importante année, de fusiller sur-le-champ tout Tyrolien qui serait pris les armes à la main, défendant son pays, Bonaparte déclare que, quelles que soient ses opinions, nul ne peut être opprimé qu'en vertu de la loi, et rappelle au peuple de Modène qu'un peuple qui se livre à des excès est indigne de la liberté :

« Un peuple libre, s'écrie-t-il, est celui qui respecte les personnes et les propriétés. L'anarchie produit la guerre intestine et les calamités publiques. Je suis l'ennemi des tyrans ; mais, avant tout, je suis l'ennemi des scélérats, des brigands qui les commandent lorsqu'ils pillent ; je ferai *fusiller* ceux qui, renversant l'ordre social, sont nés pour l'opprobre et le malheur du monde. »

Le 21 octobre 1796, le héros de la liberté, qui était né pour l'honneur et le bonheur du monde, établit son quartier général à Ferrare, d'où il écrit au cardinal Mattéi :

« Vous connaissez, monsieur le cardinal, les forces et la puissance de l'armée que je commande : pour détruire la puissance temporelle du pape, il ne me faudrait que le vouloir ; allez à Rome ; voyez le Saint-Père, éclairez-le sur ses vrais intérêts ; arrachez-le aux intrigants qui l'environnent, qui veulent sa perte et celle de la cour de Rome. »

De Vérone, le 24, il annonce au Directoire exécutif que « la folie du pape est sans égale », et écrit au citoyen Cacault, ministre de la République à Rome : « Je n'attendrai que le moment pour m'élancer sur Rome et y venger l'honneur national : la grande affaire, actuellement, est de gagner du temps... et de jeter la balle pour tromper le vieux renard. » (Le pape !)

Et, pour bien témoigner son respect des propriétés et sa protection spéciale pour les ministres du culte et les religieux des différentes congrégations, le libérateur de l'Italie ordonne, le lendemain, 25 octobre 1796, la saisie de toute l'argenterie des églises :

« Je la crois nécessaire, écrit-il à un compère ; mais je pense que la moitié vous suffit pour la légion lombarde ; l'autre moitié sera versée dans la caisse de l'armée, qui éprouve des besoins réels. »

Mais une nouvelle armée ennemie arrive. Elle est commandée par Alvinzi ; sa destruction réclame tous les soins du général Bonaparte, qui accourt de nouveau sur l'Adige.

VIII

BATAILLE D'ARCOLE

Prévenu, le 31 octobre 1796, qu'un corps de deux mille cinq cents Autrichiens était campé sur la Piave, Bonaparte envoie la division Masséna en observation à Bassano, sur la Brenta, avec ordre de se retirer à Vicence aussitôt que l'ennemi aurait passé la Piave, et prescrit au général Vaubois, qui couvrait Trente avec un corps de douze mille hommes, d'attaquer l'ennemi dans le Trentin et de le chasser de ses positions entre le Lavis et la Brenta.

Une première attaque a lieu le 2 novembre. La résistance est vive. On brûle les ponts des ennemis ; mais les Autrichiens rendent l'attaque nulle sur Segonzano, où la 85ᵉ demi-brigade, commandée par le chef de brigade Gaspard, éprouve de grandes pertes. Le 3, Bonaparte ordonne de recommencer l'attaque sur Segonzano, qu'il veut occuper. Il part en même temps avec la division Augereau, fait sa jonction à Vicence avec la division Masséna ; marche le 5 à l'ennemi, qui avait passé la Brenta, et tombe « comme la foudre » sur les Autrichiens : « La journée, dit-il, fut vive, chaude, sanglante ; l'avantage fut pour nous, l'ennemi repassa la Brenta et nous restâmes maîtres du champ de bataille. »

Un nouveau combat, et des plus opiniâtres, a lieu le 7. Une terreur panique s'empare des troupes du général Vaubois, qui fuient dans une déroute complète, abandonnant six canons. Bonaparte réunit les troupes de Vaubois à la Corona, et leur adresse ces paroles amères :

« Soldats, je ne suis pas content de vous. Vous n'avez montré ni discipline, ni constance, ni bravoure. Aucune position n'a pu vous rallier. Vous vous êtes laissé chasser de vos positions, où une poignée de braves devait arrêter une armée... Vous n'êtes pas des soldats français... Vous n'êtes plus de l'armée d'Italie. »

Ce même jour, Barras, président du Directoire exécutif, écrit à Bonaparte : « Les secours que nous vous faisons passer s'élèvent à vingt-six mille hommes, dont la plupart doivent vous rejoindre incessamment. »

Le 12, Bonaparte perd la bataille de Caldiero. Il se replie sur Vérone, d'où il écrit au Directoire exécutif, à la date du 14 novembre 1796 : « Toute l'armée est excédée de fatigue et sans souliers : je l'ai conduite à Vérone, où elle vient d'arriver... Des secours, envoyez-moi des secours. » Les avant-postes ennemis s'approchent de Saint-Michel et la situation des Français devient critique.

« Des avantages sans résultats et des déroutes d'autant plus funestes, avoue Bonaparte, m'avaient mis dans une situation presque désespérée; je voyais Alvinzi gagner du terrain et en position d'obtenir d'autres avantages. »

Les soldats murmurent et se découragent; mais Bonaparte, qui sait que l'intérêt est le grand mobile des actions humaines et qui connaît du reste la corde sensible de son monde : l'amour-propre et la cupidité, s'écrie : « Nous sommes ici, il faut y demeurer; des secours nous sont arrivés, d'autres sont en route... Que ceux qui ne veulent plus se battre, qui sont assez riches, ne cherchent pas de vains prétextes. Battez Alvinzi et je réponds de votre avenir!!! »

Ces paroles relèvent les âmes des soldats du libérateur de l'Italie, et le 15, à la nuit tombante, le camp de Vérone prend subitement les armes et marche, dans un profond silence, sur Ronco : « Je n'ai pu, dit Bonaparte, enlever Caldiero de front, ni avec treize mille hommes en forcer quarante mille, libres de se développer comme ils l'entendaient et, par conséquent, de nous écraser; je vais, en transportant la guerre au milieu de vastes marais, contraindre Alvinzi à ne plus combattre que sur des chaussées étroites, où l'exiguïté du lieu ne lui permettra pas de déployer ses bataillons. »

Ce premier pas de retraite entraîne une seconde fois la levée du siège de Mantoue. On arrive le 16 avant le jour à Ronco. L'espoir de la victoire ranime tous les cœurs : on veut s'emparer d'Arcole. Un rude combat s'engage d'un bord à l'autre de l'Alpon et sur la digue qui mène de Ronco à Arcole. Nos troupes reculent, et l'ennemi a le temps de se reformer et de prendre sa nouvelle ligne de bataille.

Arrêtée dans son mouvement, la division Augereau bat en retraite. Augereau, pour l'exciter, prend un drapeau et marche quelques pas sur la digue, mais sans être suivi. Telle est l'histoire de ce drapeau dont on a tant parlé, et avec lequel on croit qu'Augereau a franchi le pont d'Arcole en culbutant l'ennemi : tout s'est réduit à une simple démonstration sans aucun résultat, et voilà comment on écrit l'histoire !

Instruit de cet échec, le général Bonaparte se porte à cette division avec son état-major et vient renouveler la tentative d'Augereau, en se plaçant à la tête de la colonne pour l'encourager : il saisit aussi un drapeau, et, cette fois, la colonne s'ébranle à sa suite.

« Arrivés *à deux cents pas du pont*, déclare le maréchal Marmont, nous allions probablement le franchir, malgré le feu meurtrier de l'ennemi, lorsqu'un officier d'infanterie, saisissant le général en chef par le corps, lui dit : « Mon général, vous « allez vous faire tuer, et, si vous êtes tué, « nous sommes perdus, vous n'irez pas plus « loin, cette place-ci n'est pas la vôtre. »

« J'étais, ajoute le maréchal Marmont, en avant du général Bonaparte, ayant à ma droite un de mes camarades, autre aide de camp du général Bonaparte...; je me retournais pour voir si j'étais suivi, lorsque j'aperçus le général Bonaparte dans les bras de l'officier dont j'ai parlé plus haut, et je le crus blessé : en un moment, un groupe stationnaire fut formé. Quand la tête d'une colonne est si près de l'ennemi et ne marche pas en avant, elle recule bientôt ; il faut absolument qu'elle soit en mouvement ; aussi rétrograda-t-elle, se jeta sur le revers de la digue, pour être garantie du feu de l'ennemi, et se replia en désordre.

« Ce désordre fut tel, poursuit le maréchal Marmont, que le général Bonaparte, culbuté, tomba au pied extérieur de la digue, dans un canal plein d'eau, canal creusé anciennement pour fournir les terres nécessaires à la construction de la digue, mais très étroit. Louis Bonaparte et moi, nous retirâmes le général en chef de cette situation périlleuse ; un aide de camp du général Dommartin, nommé Fort de Gières, lui ayant donné son cheval, le général en chef retourna à Ronco pour changer d'habits et se sécher : *voilà encore l'his-*

toire de cet autre drapeau, que les gravures ont représenté porté par Bonaparte sur le pont d'Arcole.

« Cette charge, simple échauffourée, conclut Marmont, n'aboutit à rien autre chose. C'est la seule fois, pendant la campagne d'Italie, que j'ai vu le général Bonaparte exposé à un véritable et grand danger personnel. Je restai toute la journée à la division Augereau ; nous fîmes tous les efforts imaginables pour donner quelque élan aux troupes, mais inutilement. L'ennemi déboucha alors et nous fit plier. »

Et cependant, Bonaparte, dans le *Mémorial de Sainte-Hélène*, et tous ces écrivains de la louange mercenaire, que Montesquieu a si justement et si énergiquement flétris en les qualifiant « d'hommes lâches », ont écrit, dans cent endroits divers, que « *Bonaparte saisit un drapeau, s'élança vers le pont d'Arcole et l'y plaça !* »

Parmi ces écrivains indignes, à la tête desquels il faut placer l'auteur de l'*Histoire du Consulat et de l'Empire*, il en est qui ont ajouté que « *précipité dans un marais, Bonaparte s'y trouva au milieu des ennemis* » ;

Que les Français, s'apercevant que leur général en chef n'était point avec eux, firent entendre ce cri : « *Soldats ! en avant pour sauver le général !* »

Et que, aussitôt, « *les braves, revenant au pas*

de course sur l'ennemi, le repoussèrent au delà du pont, et Napoléon fut sauvé! »

Est-il nécessaire de dire que tout cela est faux ! Les uns et les autres de ces historiens romanciers et de ces guerriers charlatans ignoraient-ils que, sous les Romains, celui qui rendait un faux témoignage, qui abusait de la bonne foi de ses frères d'armes, était condamné au fustuaire, et qu'on traitait comme voleur celui qui s'attribuait faussement devant les tribuns une action courageuse?

En France même, sous le régime féodal, ces turpitudes, ces vanteries, ces fanfaronnades, en un mot ces récits mensongers étaient ignorés.

Le connétable Lesdiguières, qui, dans sa longue carrière militaire, ne compta que des succès, rédigeait ses bulletins de guerre comme il suit :

« Mon amie, écrivait-il à sa femme Claudine Bérenger de Gua, j'arrivai hier ici, j'en pars aujourd'hui, les Provençaux sont défaits. Adieu... »

Une victoire éclatante, remportée près d'Avalon contre l'armée du duc de Savoie, vint ajouter un nouveau lustre à la haute réputation de Lesdiguières :

« — Quel homme êtes-vous, lui dit le brave La Buisse ; vous venez de faire une des plus belles actions et vous n'avez pas un autre visage qu'hier?

« — Mon ami, répondit le modeste Lesdiguières, il faut louer Dieu de tout et continuer à bien faire. »

Le grand Frédéric lui-même, qui, pourtant, d'après l'académicien Thiers (t. XII, p. xiii), « méprisait les rois qu'il avait humiliés, les généraux qu'il avait vaincus et les ministres qu'il avait trompés », — le grand Frédéric, dans les récits qu'il a donnés de ses batailles, est aussi simple que modeste. Nulle excuse pour ses défaites, aucune bouffissure d'orgueil pour ses succès ; bien mieux, il est très-attentif à marquer ses fautes et ne dissimule ni le nombre des morts, ni celui des prisonniers.

Tous ces faits de guerre, Frédéric-le-Grand les juge froidement, non en capitan et en matamore, comme Bonaparte, mais en penseur, en homme d'honneur et en amant passionné de la vérité et de la justice.

Après Rosbach, il fit soigneusement recueillir et soigner nos blessés, invita les officiers à sa table. « Excusez-moi, messieurs, disait-il, je ne vous attendais pas sitôt, et en si grand nombre. » Il disait encore : « Je ne m'accoutume pas à regarder les Français comme ennemis. »

L'idole de l'académicien Thiers, qui honorait les rois qu'il avait humiliés, les généraux qu'il avait vaincus et les ministres qu'il avait trompés, n'a rien de cette grandeur d'âme de Frédéric, ni de l'esprit chevaleresque de Lesdiguières ; c'est un aventurier doublé de charlatanisme, qui aime à se jouer de nos tribuns et de nos directeurs. Il écrit à ceux-ci, le 19 novembre 1796, à propos de la bataille d'Arcole :

« Augereau, saisissant un drapeau, *le porte au delà du pont;* il reste là plusieurs minutes sans produire aucun effet. Cependant, il fallait passer ce pont ou faire un détour de plusieurs lieues, qui nous aurait fait manquer toute notre opération : je m'y portai moi-même, je demandai aux soldats s'ils étaient encore les vainqueurs de Lodi ; ma présence produisit sur les troupes un mouvement qui me décida encore à tenter le passage... Le fruit de la bataille d'Arcole est : quatre à cinq mille prisonniers, quatre drapeaux, dix-huit pièces de canon. L'ennemi a perdu au moins quatre mille morts et autant de blessés... Notre perte, *quoique très-peu considérable,* a été très-sensible, en ce sens que ce sont presque tous nos officiers de distinction. »

Le directeur Carnot, étant chargé à Paris de la direction des opérations militaires, est doublement raillé :

« Jamais, lui écrit Bonaparte, jamais champ de bataille n'a été aussi disputé que celui d'Arcole. Je n'ai presque plus de généraux, leur dévouement et leur courage sont sans exemple. Le général de brigade Lannes est venu au champ de bataille, il n'était pas encore guéri de la blessure qu'il a reçue à Roveredo. Il fut blessé deux fois pendant la première journée de la bataille ; il était, à trois heures après-midi, étendu sur son lit, souffrant, lorsqu'il apprend que je me porte moi-même à la tête de la colonne ; il se jette à bas de son lit, monte à cheval et revient me trouver. Comme il ne pouvait pas être à pied, il fut obligé de rester à cheval ; il reçut, à la tête du pont d'Arcole, un coup qui l'étendit sans connaissance. Je vous assure qu'il fallait tout cela pour vaincre ; les ennemis étaient nombreux et acharnés, les généraux à leur tête : nous en avons tué plusieurs. »

Certes, Lannes était bien capable d'une action héroïque ; mais lui attribuer une pareille conduite dans l'échauffourée d'Arcole, où il n'est même pas certain qu'il ait assisté, c'est peu honorer son caractère, ses talents et son courage (1). Il ne faut donc point mettre le combat d'Arcole au nombre de ceux dont la France peut se glorifier. Bonaparte ne déploya dans cette circonstance qu'un invincible orgueil, une folle et cruelle opiniâtreté, et un excessif mépris du sang humain.

Il s'exposa, pour la première fois, en soldat et

---

(1) Mme de Rémusat dit que quelquefois un général apprenait par un bulletin une action qu'il n'avait jamais faite, ou un discours qu'il n'avait jamais tenu. (*Mémoires de Mme de Rémusat*, t. II, p. 205.)

non point en capitaine, et ce dévouement, sans objet, ravit à l'armée plusieurs jeunes officiers. Il écrivit à leurs parents pour les consoler ; mais ce n'est point par une lettre qu'on répare une semblable faute.

Et, ensuite, comment croire que notre perte ait été « *très-peu considérable* », alors que, dix-huit jours après les « magnifiques » événements d'Arcole, Bonaparte demandait en ces termes un secours de trente-cinq mille hommes :

« Je me maintiendrai toute la campagne prochaine dans les Etats de l'empereur, vivant à ses dépens, ruinant ses sujets, en portant la guerre de l'insurrection en Hongrie.

« Enfin, citoyens directeurs, je crois que du prompt départ des *dix mille hommes* du Rhin peut dépendre le sort de l'Italie ; mais que si vous en tirez *dix mille autres*, et que vous y joigniez *dix à quinze mille hommes* de l'Océan, VOUS AUREZ DROIT D'ATTENDRE DES MILLIONS. »

IX

JOURS A JAMAIS CÉLÈBRES

De retour à Milan, dans les premiers jours de décembre 1796, avec la conviction qu'il faut extirper le mal avec énergie, le libérateur de l'Italie fait arrêter et juger par un conseil de guerre le citoyen Ozon, agent en chef des fourrages de l'armée, qui avait reçu un million sept cent mille francs depuis la campagne et avait laissé manquer le service partout.

Le 11 du même mois, ce libérateur écrit au général Rusca : « Mon intention est qu'après avoir exécuté mes ordres à la lettre, à Castel-Novo, vous vous transportiez à Carrara et que vous fassiez *fusiller* trois chefs, *brûler* la maison du plus apparent et de ceux qui ont pris part à la rébellion, et que vous preniez *six otages* que vous enverrez au château de Milan. Il faut ôter au peuple l'envie de se révolter et de se laisser égarer par les malveillants. »

Après ces terribles exemples, après les massacres et les pillages de Milan, de Binasco et des villages insurgés, qui avaient duré plusieurs jours, Bonaparte parut au spectacle, le front calme et serein :

« On donnait, dit l'historien Salgues, l'opéra de *Caton*, de Métastase. Les spectateurs, encore glacés d'effroi, encore frissonnant d'horreur au souvenir du sang qu'on avait répandu, cherchèrent à fléchir, par la soumission et la flatterie, le courroux d'un homme dont rien n'égalait le pouvoir que l'amour du sang et de la vengeance. On applaudit avec transport une foule de vers dont on lui fit l'application, et, à la fin du spectacle, on vint lui poser une couronne de laurier sur la tête. Bonaparte reçut cet hommage froidement, et l'immobilité de sa figure ne laissa rien deviner de ce qui se passait dans l'intérieur de son âme. »

C'est ainsi que Bonaparte préludait à ces splendeurs de gloire impérieuse, qui le menèrent au pouvoir, et dont il a étonné le globe entier, en créant ce « régime glorieux mais sanglant, ordonné mais despotique », comme le dit si bien l'académicien Thiers (t. XVII, p. 543).

Et pourtant, à la guerre, fait observer le général de Vaudoncourt, la dévastation, l'incendie, le pillage, l'agression des personnes, c'est-à-dire ce que faisait précisément le libérateur de l'Italie, restent toujours des crimes punissables dans ceux qui les ordonnent et les commettent.

« A l'égard des hommes, s'ils sont armés, ajoute le général de Vaudoncourt, le droit de la guerre ne permet pas de faire plus que de les mettre hors d'état d'accomplir la mission qu'ils ont reçue de combattre, c'est-à-dire de les désarmer et de les retenir ainsi : leurs personnes doivent être respectées et mises à l'abri de tout mauvais traitement; s'ils sont désarmés, ils doivent être respectés et protégés de même qu'ils le seraient par leur propre gouvernement. »

L'opinion de notre grand et profond penseur, Proudhon, est entièrement conforme à celle du général de Vaudoncourt : « Vous pouvez, déclare-t-il, exercer chez la nation ennemie tous les actes de souveraineté; vous ne pouvez pas frapper, ailleurs que sur le champ de bataille et pendant la bataille, si ce n'est pour crime de droit commun, un seul de ses citoyens; vous ne pouvez pas vivre aux dépens des habitants du pays envahi; vous ne pouvez pas en exiger, sans le payer, le moindre service. Tel est le droit de la guerre. »

Mais, est-ce qu'on songe qu'il existe un droit de la guerre ou des lois, lorsqu'on a des armes à la main et que l'on est vainqueur? Les vaincus seuls y pensent. Quant aux vainqueurs, ils n'ont qu'une préoccupation, c'est d'avoir des hommes à faire tuer :

« Nous ne vous demandons que des hommes, écrit Bonaparte, le 28 décembre 1796, aux membres du Directoire exécutif ; nous nous procurerons le reste avec d'autant plus de facilité, que nous serons plus nombreux. »

Et comme un peu de cour ne peut pas nuire auprès des gouvernants, Bonaparte ajoute, dans la même dépêche, en parlant de l'armée d'Italie :

« Je le dis avec une vraie satisfaction, il n'est point d'armée qui désire davantage la conservation de la Constitution sacrée, seul refuge de la liberté et du peuple français. »

Est-il possible de résister à un pareil langage? Non, assurément. Aussi les vœux de Bonaparte sont réalisés : il reçoit des hommes et les combats recommencent. Il anéantit, à Rivoli, le 14 janvier 1797, et à la Favorite, le 16, les restes de l'armée d'Alvinzi, et Mantoue se rend le 2 février de la même année.

« Dès cet instant, constate l'académicien Thiers, on crut la conquête de l'Italie définitive. Le courrier qui portait ces nouvelles arriva le soir à Paris. On assembla sur-le-champ la garnison, et on les publia à la lueur des torches, au son des fanfares, au milieu des cris de joie de tous les Français attachés à leur pays. *Jours à jamais célèbres et à jamais regrettables pour nous!* A quelle époque notre patrie fut-elle plus belle et plus grande ? Les orages de la Révolution paraissaient calmés ; les murmures des partis retentissaient comme les derniers bruits de la tempête. On regardait ces restes d'agitation comme la vie d'un Etat libre.

« Le commerce et les finances, continue l'académicien Thiers, sortaient d'une crise épouvantable ; le sol entier, restitué à des mains industrielles, allait être fécondé. Un gouvernement composé de bourgeois, *nos égaux*, régissait la République avec modération ; les meilleurs étaient appelés à leur succéder. Toutes les voies étaient libres. La France, au comble de la puissance, était maîtresse de tout le sol qui s'étend du Rhin aux Pyrénées, de la mer aux Alpes. La Hollande, l'Espagne allaient unir leurs vaisseaux aux siens et attaquer de concert le despotisme maritime. *Elle était resplendissante d'une gloire immortelle.*

« Enfin, conclut l'historien impérial, d'admirables armées faisaient flotter ses trois couleurs à la face des rois qui avaient voulu l'anéantir. Vingt héros, divers de caractère et de talent, pareils seulement par l'âge et le courage, conduisaient ses soldats à la victoire. Hoche, Kléber, Desaix, Moreau, Joubert, Masséna, Bonaparte et une foule d'autres encore s'avançaient ensemble. Ce ne fut là qu'un moment ; mais il n'y a que des moments dans la vie des peuples, comme dans celle des individus. Nous allions retrouver l'opulence et le repos ; *quant à la liberté et à la gloire, nous les avions!...* n'oublions jamais ces jours immortels de liberté, de grandeur et d'espérance ! »

Peut-on sérieusement donner le nom d'histoire à un pareil verbiage ? La vérité, dont l'académicien Thiers se met fort peu en peine, est que ce fameux gouvernement de bourgeois, toujours en butte aux attaques passionnées de la presse royaliste, était en outre travaillé par des dissensions intestines, qui résultaient surtout de l'opposition des caractères des cinq bourgeois qui composaient ce gouvernement, et qui étaient, à l'arrivée du courrier portant la nouvelle de la reddition de Mantoue, savoir :

1° BARRAS, régicide, politique sans scrupule, ambitieux et dissolu, qui jouait un rôle de représentation, donnait des fêtes, recevait dans ses salons une société fort mêlée de fournisseurs, de gens d'affaires, d'intrigants, de femmes à la mode et même d'ex-nobles et d'émigrés rentrés ; participait aux profits des fournisseurs et à des manœuvres d'agiotage, et attirait autour de lui, par son luxe, ses prodigalités et ses désordres, l'ancienne société qui commençait à se reconstituer.

2° CARNOT, autre régicide, qui avait voté en ces termes la mort de Louis XVI : « Dans mon opinion, la justice veut que Louis meure, et la politique le veut également. Jamais, je l'avoue, devoir ne pesa davantage sur mon cœur que celui qui m'est imposé ; mais je pense que, pour prouver votre attachement aux lois de l'égalité, pour prouver que les ambitieux ne vous effrayent point, vous devez frapper de mort le *tyran*. JE VOTE POUR LA MORT. » Ce qui n'a pas empêché le régicide Carnot d'accepter le titre de comte et les fonctions de ministre du tyran Bonaparte, dont il avait encouragé les brigandages : « On assure, citoyen général, écrivait Carnot, le 22 juin 1796, à Bonaparte, que le buste de Marc-Aurèle, en marbre, est à Pavie ; il est de l'intérêt des arts de le faire passer en France ; le Directoire vous commande de faire prendre toutes les précautions nécessaires pour qu'il parvienne intact. »

3° REWBELL, l'un des accusateurs de Louis XVI, administrateur, âpre et hautain, dont la probité était attaquée.

4° LAREVELLIÈRE-LÉPEAUX, régicide, travailleur infatigable, simple, sans influence, d'une personnalité un peu effacée, et qui s'était laissé séduire par les présents du ravageur de l'Italie : « Les chevaux que vous avez envoyés au Directoire, lui écrivait-il le 1er août 1796, sont arrivés. »

5° Enfin, LETOURNEUR DE LA MANCHE, encore un régicide, officier du génie avant la Révolution et membre du Comité de Salut public après le 9 thermidor, qui, en cette qualité avait destitué le général Bonaparte le 15 septembre 1794.

Tous ces hommes, issus des groupes différents qui s'étaient combattus dans la Convention, avaient conservé une partie de leurs idées et de leurs préventions. Il en résultait des divisions et des tiraillements qui devinrent de plus en plus marqués.

Cependant, ce gouvernement de bourgeois, comme le qualifie l'académicien Thiers, restait assez uni pour administrer avec vigueur et poursuivre les opérations contre les rois de l'Europe ; mais, au renouvellement d'un tiers du Corps législatif (mai 1797), beaucoup de candidats royalistes passèrent, et même des conspirateurs notoirement connus ou qui le furent un peu plus tard, comme Pichegru, Imbert-Colomès, etc. Ces éléments renforcèrent l'opposition, qui commença la guerre contre le Directoire. Un homme, à qui on supposait des tendances royalistes, le marquis Barthélemy, remplaça Letourneur de la Manche au Directoire ; les Anciens élurent pour président un autre marquis, Barbé-Marbois, et les Cinq-Cents choisirent pour les présider le général Pichegru.

Dès lors, la réaction contre-révolutionnaire ne prit, pour ainsi dire, plus la peine de dissimuler ses projets ; les conciliabules royalistes retentissaient de déclamations ; les complots se nouaient jusque dans l'enceinte du Corps législatif : on croyait tellement une contre-révolution prochaine, que Paris se remplissait de royalistes et que les émigrés accouraient de tous les côtés. Dans le Midi, les brigandages et les assassinats se multipliaient de plus en plus : un grand mouvement d'inquiétude était dans l'esprit des amis de la Révolution, et la terreur dans l'intérieur de la France.

« Les Jacobins conspiraient en faveur de la démocratie ; les royalistes conspiraient en faveur de la monarchie, et le Directoire conspirait contre tout le monde. Haï de tous les partis, fatigué des attaques qu'on lui livrait tous les jours, il s'abandonnait à des actes de tyrannie..... Tant de cruautés rendaient les Français insensibles aux triomphes de leurs armées, et l'on faisait peut-être plus de vœux pour les Autrichiens que pour la République. » (*Mémoires pour servir à l'Histoire de France*, par Salgues, t. I, p. 363.)

Tout le long du Rhône, on assassinait, on allait à la chasse des acquéreurs de biens nationaux. La mère d'un soldat de l'armée d'Italie écrivait : « Reviens, la guerre n'est plus en Italie, elle est ici... Reviens, et défends-nous. Ici, on ne dort plus. Chaque nuit, on entend le chauffeur qui ricane et frappe au volet. » (*Michelet*, t. II, p. 161.)

Tels étaient ces *jours à jamais célèbres et à jamais regrettables pour nous!* Telle était la situation véritable de la France au moment où l'historien Thiers nous la représente comme « resplendissante d'une gloire immortelle » ; au moment où il prétend que les orages de la Révolution paraissaient calmés ; que les murmures des partis retentissaient comme les derniers bruits de la tempête, et qu'on regardait ces restes d'agitation comme la vie d'un Etat libre.

Encore une fois, c'est là du verbiage ; tout cela n'est qu'imagination pure, que fausseté ; car on peut dire avec certitude que rien, absolument rien dans la reddition de Mantoue, ni dans les faits qui l'ont précédée, ne justifie l'admiration enthousiaste, fantaisiste, ou tout au moins complaisante de l'académicien Thiers, pour la situation de la France au mois de février 1797.

Serait-ce alors les faits qui ont suivi la reddition de Mantoue qui expliquent l'admiration lyrique de l'académicien Thiers pour le gouvernement de bourgeois dont le débauché et méprisable Barras était considéré comme le chef? Examinons ces faits.

Le lendemain de la prise de Mantoue, c'est-à-dire le 3 février 1797, Bonaparte donne avis au gouvernement composé de bourgeois, les égaux de l'historien Thiers, que « *plusieurs prêtres*, et entre autres un capucin, qui prêchaient l'armée des catholiques, *ont été tués sur le champ de bataille* ».

Le 6, par une proclamation adressée aux habitants du territoire du pape, le libérateur de l'Italie ordonne ce qui suit :

« Article premier. — Tout village ou ville où, à l'approche de l'armée française, on sonnera le tocsin, sera sur-le-champ *brûlé* et les municipaux seront *fusillés*.

« Article 2. — La commune sur le territoire de laquelle sera assassiné un Français, sera sur-le-champ déclarée en état de guerre ; une colonne mobile y sera envoyée ; *il y sera pris des otages et il y sera levé une contribution extraordinaire.*

« Article 3. — Tous les prêtres, religieux et ministres de la religion, sous quelque noms que ce soit, seront protégés et maintenus dans leur état actuel, s'ils se conduisent selon les principes de l'Evangile, et, s'ils sont les premiers à le transgresser, ils seront traités militairement et plus sévèrement que les autres citoyens. »

Ces dispositions, qui nous donnent une assez juste idée de ces « jours immortels de liberté, de grandeur et d'espérance » si chers à l'académicien Thiers, ces dispositions étant arrêtées, le libérateur de l'Italie marche sur Rome, et, le 17 février 1797, à trois jours de marche de la capitale de la chrétienté, à Tolentino, il s'arrête et écrit au Directoire exécutif :

« Je suis en traité avec cette *prêtraille*, et,

pour cette fois-ci, le Saint-Père sauvera encore sa capitale, en nous cédant ses plus beaux Etats et de l'argent ; et, par ce moyen, nous sommes en mesure pour exécuter la grande tâche de la campagne prochaine. »

Le 10 mars suivant, Bonaparte s'applaudit de ses travaux et s'écrie : « De tant d'ennemis qui se coalisèrent pour étouffer la République à sa naissance, l'empereur seul reste devant nous. Se dégradant lui-même du rang d'une grande puissance, ce prince s'est mis à la solde des marchands de Londres ; il n'a plus de politique, de volonté, que celle de ces insulaires perfides, qui, étrangers aux malheurs de la guerre, sourient avec plaisir aux maux du continent. »

Et, chose étrange ! ce prince dégradé, sans politique, sans volonté, à la solde des marchands de Londres, sera, treize ans plus tard, le beau-père du général révolutionnaire Bonaparte.

En attendant, le futur gendre de l'empereur d'Autriche prend l'offensive, repousse pied à pied son futur oncle, l'archiduc Charles, force le passage du Tagliamento, le 16 mars 1797, harcèle la division Bayalitsch à travers la vallée d'Isonzo, et poursuit l'archiduc Charles, qui abandonne Tarvis à son opiniâtre adversaire et futur neveu.

Arrivé à Goritz, où il trouve des provisions considérables, Bonaparte reçoit, le 25 mars, les députés vénitiens Cornaro et Pezaro, et leur déclare que jamais il ne prêtera son secours contre les principes pour lesquels la France a fait sa Révolution, et auxquels il doit en partie le succès de ses armes.

A Trieste, le 27, il prend possession des mines d'Hydria, s'empare de deux millions de métal prêt à être employé, et s'écrie : « Conquête précieuse et fort utile à nos finances ! »

De Klagenfurt, capitale de la Carinthie, Bonaparte écrit, le 31 mars, à son futur oncle, l'archiduc Charles :

« Monsieur le général en chef,

« Les braves militaires font la guerre et désirent la paix. Cette guerre ne dure-t-elle pas depuis six ans? Avons-nous assez tué de monde et causé assez de maux à la triste humanité? Elle réclame de tous côtés.

« L'Europe, qui avait pris les armes contre la République française, les a posées. Votre nation reste seule, et cependant le sang va couler plus que jamais. Cette sixième campagne s'annonce par des présages sinistres. Quelle qu'en soit l'issue, nous tuerons de part et d'autre quelques milliers d'hommes, et il faudra bien que l'on finisse par s'entendre, puisque tout a un terme, même les passions haineuses. Faut-il que nous continuions à nous entr'égorger ?

« Vous, monsieur le général en chef, qui, par votre naissance, approchez si près du trône et êtes au-dessus de toutes les petites passions qui animent souvent les ministres et les gouvernements, êtes-vous décidé à mériter le titre de bienfaiteur de l'humanité entière et de vrai sauveur de l'Allemagne ?

« Quant à moi, poursuit le héros d'Arcole, si l'ouverture que j'ai l'honneur de vous faire peut sauver la vie à un seul homme, je m'estimerai plus fier de la couronne civique, que je me trouverai avoir méritée, que de la triste gloire qui peut revenir des succès militaires. »

Tout en proposant la paix, Bonaparte ne continue pas moins son mouvement offensif; et, à une demande d'armistice, il répond : « On peut négocier et combattre (1). » Il s'avance donc rapidement à travers les montagnes de la Carinthie et

(1) Dix ans plus tard, il dira : « Une négociation sans armistice est une chose ridicule, puisqu'on n'aurait pas de bases dans la négociation. » (Lettre de Napoléon à Talleyrand, du 11 avril 1807.)

En 1814, il écrira : « L'Autriche proteste qu'elle veut la paix : mais n'est-ce pas se mettre en situation de ne pouvoir atteindre ou de dépasser ce but que de continuer les hostilités, quand de part et d'autre on veut arriver à une fin ? Une suspension d'armes pourrait être réciproquement avantageuse aux deux parties. » (Lettre de Napoléon à Metternich, du 16 janvier 1814.)

culbute sur tous les points les troupes de l'archiduc Charles, auquel il fait de nombreux prisonniers.

Le libérateur de l'Italie ne se contente pas de négocier et de combattre, c'est-à-dire d'être « diplomate habile » et « guerrier illustre »; il veut encore être prophète, et il se met à prophétiser :

« Si la guerre dure encore quelque temps, écrit-il le 1er avril 1797 au Directoire exécutif, les Anglais seront tellement exécrés, qu'ils ne seront plus reçus nulle part. »

Et chose aussi étrange que curieuse! c'est ce prophète de malheur qui, dix-huit ans plus tard, se trouvera être l'objet de l'exécration du continent, implorera un asile sous la protection des lois anglaises et ne sera reçu nulle part.

X

OCCUPATION DE VENISE

Cependant, en Italie, la soumission était loin d'être complète ; car ce n'est qu'en frémissant et toujours avec l'espoir de s'affranchir que les peuples subissent le joug de l'étranger. On s'agite, on se rassemble. Bonaparte ne se borne pas, comme le prétend l'académicien Thiers, à recommander au général Kilmaine d'observer la plus exacte neutralité ; il lui écrit, le 9 avril 1797 : « Il faut dissoudre les rassemblements, en menaçant leurs villages, et tomber inopinément sur un village, où ils ne sont pas en force, et le *brûler*. »

Trois jours après, le libérateur de l'Italie parvient à Léoben et contraint le cabinet de Vienne à signer, le 18, les préliminaires du traité de Campo-Formio, qui reconnaît toutes les conquêtes de la France, toutes les républiques qu'elle a créées hors de son territoire ; mais où l'on ne respecte guère les droits des hommes et des peuples ; ce qui n'empêche pas l'académicien Thiers de s'écrier :

« Mais n'était-ce pas beaucoup de jeter dans cette campagne les germes de la liberté ? »

En exécution du traité de Léoben, Bonaparte se replie sur l'Isonzo. Arrivé à Palma-Nova, il reçoit, le 2 mai 1797, les trois députés vénitiens Dona-Lonato, Justiniani et Elvise Moncenigo, auxquels il tient le langage suivant :

« J'ai fait la paix, j'ai quatre-vingt mille
« hommes, j'irai briser vos plombs, je serai un
« second Attila pour Venise. Je ne veux plus ni
« inquisition, ni *livre d'or* ; ce sont des institu-
« tions des siècles de barbarie. Votre gouverne-
« ment est trop vieux, il faut qu'il s'écroule !
« Quand j'étais à Goritz, j'offris à M. Pezaro mon
« alliance et des conseils raisonnables. Il me re-
« fusa. Vous m'attendiez à mon retour pour me
« couper la retraite ; eh bien, me voici ! je ne
« veux plus traiter, *je veux faire la loi*. Si
« vous n'avez pas autre chose à me dire, je vous
« déclare que vous pouvez vous retirer. »

Les députés vénitiens cherchent à apaiser ce « héros de la liberté » et lui proposent une réparation en argent...

« — Non, non, réplique le second Attila. Quand
« vous couvririez la plage de Venise d'un pied
« d'or, vous ne paieriez pas le sang d'un seul de
« mes soldats. Il n'y a plus de dédommagement
« possible : vous avez comblé la mesure. *J'ai*

« *rayé la république de Venise du catalogue*
« *des puissances de l'Europe.* ALLEZ ! »

Le libérateur de l'Italie renvoie brutalement les députés vénitiens et publie, ce même jour, 2 mai 1797, un manifeste de guerre contre Venise. Le lendemain, 3, il écrit au Directoire exécutif :

« L'évêque de Vérone a prêché en chaire, pendant la semaine sainte et le jour de Pâques, que c'était une chose méritoire et agréable à Dieu que de tuer les Français : si je l'attrape, je le punirai exemplairement. »

Le 6, ce restaurateur du trône et de l'autel recommande à l'évêque de Côme de dissiper les préjugés et de combattre avec ardeur les faux prêtres qui ont dégradé la religion, en en faisant l'instrument de l'ambition des puissants et des rois : « La morale de l'Évangile, ajoute Bonaparte, est celle de l'égalité, et, dès lors, elle est la plus favorable au gouvernement républicain, que va désormais avoir votre patrie. »

Pour donner une nouvelle preuve de son respect des propriétés et de son amour des peuples qu'il a conquis, le libérateur de l'Italie ordonne, le même jour, la confiscation, au profit de la République, de tous les tableaux, collections de plantes, de coquillages, etc., qui appartiendraient « soit à la ville de Vérone, soit aux particuliers ».

Piller, voler, confisquer, tuer, c'est renverser

le fondement de toute société parmi les hommes, et c'est ce que Bonaparte fait en Italie (1). Aux yeux de l'académicien Thiers, notre fameux historien national, c'est « jeter les germes de la liberté ! »

En même temps que s'exécutent les ordres du héros de la liberté, nos troupes, qui, d'après l'académicien Thiers, « n'étaient pas aussi barbares que le publiait la renommée », bien que le général Laharpe, témoin des désordres effrénés qu'elles commettaient, ait déclaré que les gens qui les composaient étaient pires que n'étaient autrefois les Vandales, — nos troupes s'avancent de toutes parts, et le canon français retentit sur les bords de l'Isonzo. L'épouvante règne dans Venise. Le doge, vieillard affaibli par l'âge, avait les yeux remplis de larmes. Il envoie deux commissaires pour traiter avec le général français, qu'ils trouvent sur le bord des lagunes, au pont de Marghera, et qui les interpelle brusquement :

« — Et les trois inquisiteurs d'État, leur dit

---

(1) D'Antraigues disait de l'armée d'Italie : « Les officiers généraux sont riches en argent comptant et ne savent où le placer. Ils ne veulent pas l'envoyer en France et n'osent s'en séparer. Kilmaine traine avec lui plus de deux millions, ainsi des autres. Tous se sont enrichis ; aucun ne s'est abstenu de voler. » (*Bonaparte et son temps*, par Jung, t. III, p. 171.)

Bonaparte, et le commandant de Lido, sont-ils arrêtés? *Il me faut leurs têtes.* Point de traité jusqu'à ce que le sang français soit vengé. Vos lagunes ne m'effrayent pas, je les trouve telles que je l'avais prévu. Dans quinze jours, je serai à Venise. Vos nobles ne se déroberont à la mort qu'en allant, comme les émigrés français, traîner leur misère par toute la terre. »

Toutefois, l'Attila de Venise accorde aux commissaires de cette ville six jours de suspension d'armes, et il part pour Montebello, où des commissaires vénitiens lui apportent un traité, qu'il signe le 14 mai 1797, et par lequel Venise consent :

1° A recevoir, à titre de protection, une division française ;

2° A payer une contribution de *six millions*, dont trois en argent et trois en munitions navales ;

3° A abandonner à la France trois vaisseaux de guerre et deux frégates.

En agissant ainsi, fait remarquer l'académicien Thiers, « le vaste esprit de Bonaparte, dont la prévoyance se portait sur tous les objets à la fois, ne voulait pas qu'il nous arrivât, avec les Vénitiens, ce qui nous était arrivé avec les Hollandais ».

Aussi, ajoute ce judicieux historien national : « après avoir en deux mois soumis le pape, passé les Alpes-Juliennes, imposé la paix à l'Autriche, repassé les Alpes et puni Venise, Bonaparte était à Milan, exerçant une autorité suprême sur toute l'Italie ; attendant, sans se presser, la marche de la Révolution ; faisant travailler à la constitution des provinces *affranchies* ; se créant une marine dans l'Adriatique, et rendant sa situation toujours plus imposante pour l'Autriche ».

Quant à s'inquiéter pourquoi tant de bruit, tant d'hécatombes humaines, quel en est le résultat pour le bonheur des peuples et les progrès de la civilisation, l'historien Thiers n'y songe jamais : le bruit du canon l'empêche d'entendre les gémissements des peuples dépouillés, pillés, tyrannisés ! et il consacre par d'infâmes apologies des excès de tyrannie :

« La conduite de Bonaparte à l'égard de Venise,
« ose dire l'académicien Thiers, était hardie,
« mais renfermée néanmoins dans la limite des
« lois. »

Dans ces quelques mots, il y a deux graves erreurs d'appréciation :

1° La conduite de Bonaparte, à l'égard de Venise, n'était pas hardie : elle était criminelle ;

2° Elle n'était pas renfermée dans les limites de la loi : elle était en dehors de la loi, elle était une violation flagrante et audacieuse de la loi, qui, à cette époque, étaient conçue en ces termes :

« Les peuples sont respectivement indépendants et souverains, quel que soit le nombre d'individus qui les composent et l'étendue du territoire qu'ils occupent. Cette souveraineté est inaliénable.

« Chaque peuple a droit d'organiser et de changer les formes de son gouvernement.

« *Un peuple n'a pas le droit de s'immiscer dans le gouvernement des autres.* »

Telle était la loi à cette époque : la conduite de Bonaparte à l'égard de Venise n'était-elle pas en contradiction formelle avec ces prescriptions ? Qui lui donnait le droit de rayer la République de Venise du catalogue des puissances de l'Europe ? Qui l'autorisait à déclarer le gouvernement de Venise « trop vieux » et à le changer ?

L'académicien-historien Thiers ment donc sciemment, il en impose à ses contemporains et à la postérité, en disant que la conduite de Bonaparte était renfermée dans la limite des lois, alors qu'elle y était évidemment contraire.

On sait aujourd'hui ce qu'il en a coûté de larmes aux Vénitiens et de sang à la France, en 1859, pour effacer la grande iniquité commise par Bonaparte, en 1797, en rayant la République de Venise du catalogue des puissances de l'Europe, iniquité qu'il a eu l'impudence, dans ses Mémoires (t. IV, p. 130), de nous représenter comme une action glorieuse.

« Ce fut, s'écrie-t-il, un spectacle unique et

digne de réflexion, que celui que présenta la chute de cette République célèbre ; il fallait voir la mer Adriatique couverte de gens qui prenaient la fuite en toute hâte, tant ils étaient frappés de la terreur de mon nom. Les ambassadeurs des puissances ne furent pas les derniers à se sauver ; le résident de Vienne avait ouvert la marche ; il était parti seul, sur une modeste felouque, sans se donner le loisir d'emporter ses meubles ; à peine eut-il le temps d'enlever ses papiers. Les autres ministres étrangers partirent le 16 mai. »

Dix jours après le départ de ces ministres, Bonaparte annonce au Directoire exécutif que Venise, — « qui va en décadence depuis la découverte du cap de Bonne-Espérance et la naissance de Trieste et d'Ancône », — peut difficilement survivre aux coups qu'il vient de lui porter :

« Population inepte, lâche et nullement faite pour la liberté, ajoute le héros de l'académicien Thiers : sans terre, sans eau, il paraît naturel qu'elle soit laissée à ceux à qui nous donnons le continent. Nous prendrons ses vaisseaux, nous dépouillerons l'arsenal, nous enlèverons tous les canons, nous détruirons la banque et nous garderons Corfou et Ancône : le premier sera stipulé dans le traité ; le second, que nous avons, devient tous les jours plus redoutable et nous le conserverons jusqu'à ce que les nouvelles affaires de Rome nous le donnent sans retour. »

Les derniers jours de mai, tout le mois de juin et les premiers jours de juillet 1797, sont employés par Bonaparte à se créer une marine sur l'Adriatique, en prenant les vaisseaux, en dépouillant les arsenaux, en enlevant les canons et en détruisant tout ce qui pouvait accélérer la ruine de Venise.

« Maître de Venise, est-il dit dans les *Mémoires pour servir à l'Histoire de France* (t. Ier, p. 543), Bonaparte n'oublia rien, ni les besoins de l'armée, ni ceux du Directoire, ni sa propre fortune. Cette ville célèbre renfermait des richesses immenses : c'était là que toutes les nations commerçantes venaient déposer le tribut de leur activité et de leur industrie; la mer était couverte de ses pavillons; ses magasins renfermaient une partie des richesses du monde; ses temples, ses monuments publics attestaient son opulence. *En un mois tout disparut :* plus de vaisseaux dans les ports, plus d'argenterie dans les églises, nudité complète dans les Monts-de-Piété. *Rien ne fut respecté :* ni richesses privées, ni richesses étrangères; la municipalité provisoire ordonna la levée d'un emprunt forcé d'un million de ducats à prendre sur les nobles, les négociants et autres personnes aisées; on leur enleva leurs chevaux, leurs voitures et tout ce qu'ils possédaient d'objets de luxe; on mit le séquestre sur 2,300,000 fr., appartenant au duc de Modène, qui s'était sauvé à temps, emportant avec lui le reste de ses trésors. *Venise fut ruinée et sa fortune passa tout entière dans le camp des Français.* »

Ces procédés, d' « une prévoyance qui se portait sur tous les objets à la fois », attirèrent à leur auteur des attaques fort vives, qui excitaient ses alarmes et son ressentiment. La *Chronique de Paris* surtout le traitait fort sévèrement :

« A quels périls, dit-elle, la République n'est-elle pas exposée, lorsqu'à la tête des armées est un homme qui exerce le pouvoir absolu d'un dictateur, se moque des lois, brave l'autorité à laquelle il doit être soumis, ne reconnaît aucun frein et satisfait, sans opposition et sans danger, *les plus sanglants caprices?* Je parle de Bonaparte, qui non seulement est un citoyen dangereux, mais encore un tyran cruel.

« Je laisse l'homme féroce pour ne démasquer que l'homme dangereux. Il ne pourra plus rien du moment qu'il ne sera plus rien : et le seul devoir que j'aie maintenant à remplir est de faire connaître les vues politiques de ce soldat audacieux, qui réunit la vanité d'un enfant à l'atrocité d'un démon.

« Bonaparte a un plan, et la place qu'il occupe n'est pour lui qu'un moyen de l'exécuter. Il sait que sans argent on ne peut rien faire, et il emploie tous les moyens de se fonder un trésor.

Outre les contributions qu'il exige, et dont il dispose, il se fait donner des sommes énormes pour lui-même et s'attribue généralement tout ce qui peut lui convenir dans la spoliation des pays qu'il dévaste. »

Ces attaques, malheureusement trop fondées, inspirent à Bonaparte l'idée de pousser de toutes ses forces le Directoire exécutif à tenter le coup d'État que l'histoire a enregistré sous le nom de *18 Fructidor*, et qui a appris à l'Europe qu'il suffit d'une poignée de bandits pour gouverner la France.

« Je vois, écrit Bonaparte au Directoire exécutif, le 15 juillet 1797, je vois que le club de Clichy veut marcher sur mon cadavre pour arriver à la destruction de la République. N'est-il donc plus en France de républicains ? et, après avoir vaincu l'Europe, serons-nous donc réduits à chercher quelque angle de la terre pour y terminer nos tristes jours ?

« Vous pouvez d'un seul coup sauver la République, deux cent mille têtes peut-être qui sont attachées à son sort, et conclure la paix en vingt-quatre heures. *Faites arrêter les émigrés; détruisez l'influence des étrangers : si vous avez besoin de force, appelez les armées; faites briser les presses des journaux vendus à l'Angleterre, plus sanguinaires que ne le fut jamais Marat.*

« Quant à moi, citoyens directeurs, il est impossible que je puisse vivre au milieu des affections les plus opposées : s'il n'y a point de remède pour faire finir les maux de la patrie, pour mettre un terme aux assassinats et à l'influence de Louis XVIII, je demande ma démission. Mais, dans toutes les circonstances, le souvenir des marques constantes que vous m'avez données de la confiance la plus illimitée, ne me sortira jamais de la mémoire. »

Ces lignes nous font voir clairement le calme avec lequel Bonaparte attendait, à Milan, sans se presser, comme le dit l'académicien Thiers, la marche de la Révolution.

Deux jours après, Bonaparte insiste sur les mesures de rigueur qu'il conseille au Directoire exécutif :

« Voulez-vous épargner cinquante mille hommes de l'élite de la nation, qui vont périr dans cette nouvelle campagne ? écrit-il de nouveau le 17 juillet 1797 : faites briser avec quelque appareil les presses du *Thé*, du *Mémorial* et de la *Quotidienne* ; faites fermer le club de Clichy, et faites faire cinq ou six bons journaux constitutionnels... Il est bien malheureux que, lorsque nous commandons à l'Europe, nous ne puissions pas commander à un journal de Louis XVIII, et qui lui est évidemment vendu. A quoi sert que nous remportions des victoires à chaque instant du jour ? Les menées dans l'intérieur annulent tout, et rendent inutile le sang que nous versons pour la patrie. »

Et, pour achever de déterminer la majorité du Directoire dans l'attaque tramée contre les royalistes, il écrit encore, le 18 du même mois : « Soyez bien persuadés, citoyens directeurs, que le Directoire exécutif et la patrie n'ont pas d'armée qui leur soit plus entièrement attachée. Quant à moi, j'emploie toute mon influence ici à contenir dans les bornes du patriotisme brûlant, qui est le caractère distinctif de tous les soldats de l'armée, l'esprit de l'armée que je commande et à lui donner une direction avantageuse au gouvernement. »

Cependant, l'Autriche paraît peu satisfaite de la paix que lui a offerte Bonaparte. Elle met des lenteurs à accepter les conditions imposées par le traité préliminaire de Léoben. Le libérateur de l'Italie s'impatiente de ce retard, et écrit de Milan, le 28 juillet 1797, au Directoire exécutif :

« Si vous voulez me faire passer quatre nouvelles demi-brigades, avec trois mille hommes de cavalerie, je vous promets d'être dans Vienne aux vendanges ; de me réunir sur le Danube avec l'armée du Rhin, et de faire boire du vin de Tokay aux paysans hongrois. »

Au lieu d'envoyer des hommes à Bonaparte, le Directoire exécutif lui demande *trois millions* pour soutenir l'attaque des Conseils contre les royalistes : Bonaparte, sous divers prétextes, refuse de les envoyer, « quoique cela, déclare-t-il, lui fût facile ». Il se contente de faire partir le général Augereau, qui, à peine arrivé à Paris, déclare hautement et publiquement qu'il est envoyé pour tuer les royalistes (1).

(1) D'après une lettre de Lavalette à Bonaparte, datée de Paris, le 16 août 1797, une somme de 600,000 francs aurait été envoyée : « Un nommé Viscowitz, écrit Lavalette, a donné au Directoire les 600,000 francs convenus. Il m'est impossible de toucher de l'argent, sans qu'on le sache. Je suis surveillé par les inspecteurs des Cinq-Cents. » *(Bonaparte et son temps,* par Jung, t. III, p. 202.)

XI

TRAITÉ DE CAMPO-FORMIO

Après le départ d'Augereau pour Paris, Bonaparte quitte Milan et va s'établir, pour les conférences de Campo-Formio, au château de Passeriano, d'où il écrit, le 13 septembre 1797, au ministre des relations extérieures :

« Pourquoi ne nous emparerions-nous pas de l'île de Malte ? L'amiral Brueys pourrait très-bien mouiller là et s'en emparer... S'il arrivait qu'à notre paix avec l'Angleterre nous fussions obligés de rendre le cap de Bonne-Espérance, *il faudrait alors nous emparer de l'Egypte*.

« Ce pays n'a jamais appartenu à une nation européenne ; les Vénitiens seuls y ont eu une prépondérance précaire. On pourrait partir d'ici avec vingt-cinq mille hommes, escortés par huit ou dix bâtiments de ligne ou frégates vénitiennes et s'en emparer.

« L'Egypte n'appartient pas au Grand Seigneur. Avec des armées comme les nôtres, pour qui toutes les religions sont égales, mahométane, cophte, arabe, etc., tout cela nous est indifférent : nous respecterons les unes comme les autres. »

Le ministre des relations extérieures, le scrupuleux abbé de Talleyrand, le « *Mascarille* impudent des hautes comédies », répond au héros de la liberté que le Directoire exécutif approuve ses idées sur Malte, et, en ce qui concerne l'Égypte, il ajoute :

« Si l'on en faisait la conquête, ce devrait être pour déjouer les intrigues russes et anglaises, qui se renouvellent si souvent dans ce malheureux pays. Un si grand service rendu aux Turcs, les engagerait aisément à nous y laisser toute la prépondérance et les avantages commerciaux dont nous avons besoin. L'Égypte, comme colonie, remplacerait bientôt les produits des Antilles, et, comme chemin, nous donnerait le commerce de l'Inde; car tout, en matière de commerce, réside dans le temps, et le temps nous donnerait cinq voyages contre trois par la route ordinaire. »

Avant la réception de cette réponse, le conquérant de l'Italie avait changé d'idée, ou plutôt il se trouvait blessé, froissé, indigné de n'avoir pu obtenir la dispense d'âge pour être directeur, dispense qu'il avait fait demander par son aide de camp Lavalette, envoyé à Paris presque en même temps que le général Augereau. Bonaparte voulait quitter l'armée, se retremper dans la masse des citoyens, et il écrit au Directoire exécutif, le 25 septembre 1797 :

« Je vous prie, citoyens directeurs, de me remplacer et de m'accorder ma démission. Aucune puissance sur la terre ne sera capable de me faire continuer de servir après cette marque horrible de l'ingratitude du gouvernement, à laquelle j'étais bien loin de m'attendre.

« Ma santé, considérablement affectée, demande impérieusement du repos et de la tranquillité. La situation de mon âme a aussi besoin de se retremper dans la masse des citoyens.

« Depuis trop longtemps, un grand pouvoir est confié dans mes mains. Je m'en suis servi dans toutes les circonstances pour le bien de la patrie : tant pis pour ceux qui ne croient point à la vertu et pourraient avoir suspecté la mienne.

« Je puis, aujourd'hui que la patrie est tranquille et à l'abri des dangers qui l'ont menacée, quitter sans inconvénient le poste où je suis placé. Ma récompense est dans ma conscience et dans l'opinion de la postérité. Croyez que, s'il y avait un moment de péril, je serai au premier rang pour défendre la liberté et la Constitution de l'an III. »

Quelques jours après, le vertueux Bonaparte écrit de nouveau au Directoire exécutif : « Il ne me reste plus qu'à rentrer dans la foule, reprendre le soc de Cincinnatus et donner l'exemple du respect pour les magistrats *et de l'aversion pour le régime militaire, qui a détruit tant de républiques et perdu plusieurs États!* » (1).

Le Directoire exécutif, à la réception de la lettre de Bonaparte, du 25 septembre 1797, se rassemble sur-le-champ pour délibérer sur la demande qui en était l'objet, et le président Larevellière-Lépeaux répond au libérateur de l'Italie, à la date du 3 octobre 1797, ce qui suit :

« Citoyen général,

« Votre lettre étonne et afflige le Directoire exécutif, qui se rassemble extraordinairement pour vous répondre à l'instant même de l'arrivée de votre courrier.

« Comment est-il possible que vous ayez accusé d'ingratitude et d'injustice envers vous le gouvernement, qui n'a cessé de vous marquer la plus entière comme la plus juste confiance ?

(1) Dans la *Correspondance de Napoléon I*, publiée par ordre de Napoléon III, cette lettre de Bonaparte a été falsifiée. Au lieu des mots qu'on vient de lire, il y a (t. III, p. 494) : « Il ne me reste qu'un vif intérêt, qui ne m'abandonnera jamais, pour la prospérité de la République et la liberté de la patrie. »
Quant à la lettre écrite par Bonaparte au Directoire exécutif, le 25 septembre 1797, elle a été omise dans la *Correspondance de Napoléon I*, publiée par ordre de l'empereur Napoléon III.

« Vous parlez de repos, de santé, de démission? Le repos de la République vous défend de penser au vôtre.

« Si la France n'est pas triomphante, si elle est réduite à faire une paix honteuse, si le fruit de vos victoires est perdu, alors, citoyen général, nous ne serons pas seulement malades, nous serons morts.

« Non, le Directoire exécutif ne reçoit pas votre démission.

« Non, vous n'avez pas besoin avec lui de vous réfugier dans votre conscience et de recourir au témoignage tardif de la postérité.

« LE DIRECTOIRE EXÉCUTIF CROIT A LA VERTU DU GÉNÉRAL BONAPARTE, il s'y confie... »

Cette lettre dissipe la mauvaise humeur de Bonaparte, rend la santé au général en chef de l'armée d'Italie, qui n'avait été malade que d'une fièvre d'ambition rentrée, et qui fait sa paix avec le Directoire exécutif.

Durant cette espèce de brouillerie entre le Directoire exécutif et le « pacificateur » de l'Italie, les conférences de Campo-Formio suivaient leur cours.

Dans la dernière de ces conférences, Bonaparte s'empare d'un précieux cabaret de porcelaine, appartenant au comte de Cobentzel, négociateur autrichien, et s'écrie, en le jetant avec force sur le parquet : « Eh bien ! la trêve est donc rompue et la guerre déclarée ; mais souvenez-vous que, avant trois mois, je briserai votre monarchie comme je brise cette porcelaine. » Il salue les négociateurs autrichiens, sort et ordonne à un officier d'aller annoncer à l'archiduc Charles la reprise des hostilités dans les vingt-quatre heures.

Le lendemain, 17 octobre 1797, Bonaparte reçoit, tout signé, le traité de Campo-Formio, qui termine sa première campagne en Italie, comme général en chef, et qui livre la République de Venise au despotisme de l'Autriche.

« La paix a été signée hier, après minuit, écrit Bonaparte, le 18 octobre, au ministre des relations extérieures. J'ai fait partir, à deux heures, le général Berthier et le citoyen Monge, pour vous porter le traité en original. Concentrons toute notre activité du côté de la marine et détruisons l'Angleterre ; cela fait, l'Europe est à nos pieds. »

En apprenant ce résultat et le but de l'activité du « héros de la liberté », un membre du Conseil des Cinq-Cents s'écria :

« Nous ne sommes donc plus ce peuple qui a proclamé en principe et soutenu, par la force des armes, qu'il n'appartient sous aucun prétexte à des puissances étrangères de s'immiscer dans la forme de gouvernement d'un autre État ?

« Outragés par les Vénitiens, était-ce à leurs

institutions que nous avions le droit de déclarer la guerre? Vainqueurs ou conquérants, nous appartenait-il de prendre une part active à leur révolution en apparence inopinée ?

« Je n'examinerai pas si leur envahissement, médité peut-être avant les attentats qui ont servi de motifs, n'est pas destiné à figurer dans l'histoire comme un digne pendant du partage de la Pologne... »

Quels sont donc les motifs qui ont pu pousser Bonaparte à faire le sacrifice d'une nationalité à un gouvernement tyrannique? C'est lui-même qui va répondre à cette question : « Croyez-vous, dit-il à Miot, que ce soit pour faire la grandeur des avocats du Directoire que je triomphe en Italie ? » Eh non, parbleu ! c'était uniquement pour s'enrichir et laisser des traces de son existence.

Avant de quitter Campo-Formio, le vertueux Bonaparte accepte de l'empereur d'Autriche, « ce prince dégradé, à la solde des marchands de Londres », une magnifique épée et une voiture de gala, attelée de six chevaux blancs de la plus grande beauté.

Trois siècles auparavant, cette République de Venise, que le libérateur de l'Italie vient de livrer au despotisme de l'Autriche, ayant fait présent à Gonsalve de Cordoue, surnommé *le grand capitaine*, de vases d'or, de tapisseries magnifiques et de martres zibelines, avec un parchemin sur lequel était écrit, en lettres d'or, le décret du Grand-Conseil qui le créait noble vénitien, Gonsalve de Cordoue envoya le tout à son gouvernement, à l'exception du parchemin : Bonaparte, que l'académicien Thiers (t. XV, page 272) trouve « admirable de désintéressement », se serait déshonoré en suivant un si noble exemple : il garda tout et n'envoya rien à son gouvernement (1).

De retour à Milan, le désintéressé Bonaparte mande au Directoire exécutif, à la date du 12 novembre 1797 : « J'ai envoyé à Malte le citoyen Poussielgue, sous prétexte d'inspecter toutes les échelles du Levant ; mais, en réalité, *pour mettre la dernière main au projet que nous avons sur cette île.* »

Le 14, il écrit au cardinal Mattei : « Souvenez-vous, monsieur le cardinal, des conseils que vous avez donnés au pape à votre départ de Ferrare. Faites donc entendre à Sa Sainteté que, si elle continue à se laisser mener par le cardinal Busca et d'autres intrigants, cela finira mal pour vous. »

Le 15 du même mois de novembre 1797, il reçoit, à Milan, la dépêche du Directoire qui le

---

(1) « Le caractère de Napoléon était l'égoïsme... L'égoïsme guidait toutes ses actions. » (Walter-Scott, t. XVI, pag. 14, et t. XVIII, pag. 93.)

nomme président de la légation française au congrès de Rastadt. Il n'a plus de traces de mauvaise santé. Il part incontinent de Milan pour Rastadt.

A Turin, le roi de Sardaigne le reçoit avec les plus grands honneurs; lui donne deux superbes chevaux richement harnachés et deux pistolets d'arçon, enrichis de diamants, provenant de feu le roi Charles-Emmanuel. Toutes les villes qui se trouvent sur son passage lui envoient des députations.

Genève ordonne des fêtes publiques et des illuminations en son honneur.

A Bâle, le bourgmestre le harangue comme un souverain.

Berne lui prépare un banquet, un bal et des fêtes, qu'il refuse avec un dédain superbe.

A Lausanne, il accueille les hommages de quelques chefs du parti démocratique.

Enfin, il arrive, le 27, à Rastadt, d'où il écrit au Directoire exécutif, le 30: « Demain, nous achèverons tout ce qui nous reste à faire pour l'exécution de la convention secrète: si cela est achevé demain, je partirai le soir même. » Et il rentre à Paris le 5 décembre 1797.

« Pendant deux ans, est-il dit dans le *Mémorial de Sainte-Hélène*, il avait nourri son armée, créé et entretenu son matériel, soldé plusieurs années de solde arriérée, fait passer trente à quarante millions aux caisse de France et plusieurs centaines de millions en chefs-d'œuvre des arts ; s'était consacré entièrement aux affaires publiques, *et il ne possédait pas cent mille écus en argenterie, bijoux, argent, meubles, etc.* »

A cela, le secrétaire particulier et intime du conquérant de l'Italie, Bourrienne, officier de la Légion d'honneur et ministre d'Etat sous Louis XVIII, oppose un démenti formel. On lit dans ses Mémoires (tome II, page 17) :

« Bonaparte a dit, à Sainte-Hélène, qu'il n'é-
« tait revenu d'Italie qu'avec trois cent mille
« francs. J'affirme lui avoir connu, à cette époque,
« UN PEU PLUS DE TROIS MILLIONS. »

Un écrivain de ce temps-là, Mallet du Pan, dans le *Mercure britannique*, a fait le relevé des contributions, réquisitions, exactions exercées sur les villes d'Italie, pendant les premières campagnes de Bonaparte, et en fixe le total à la somme énorme, pour l'époque, de *trois cent cinquante un millions sept cent soixante mille francs.* Dans cette somme se trouvent compris les objets suivants :

Nécessaire précieux, donné par la feue reine de France à l'archiduchesse, pris à Bergame et passé à Mme Bonaparte.................................... 60,000 fr.

Vaisselle, mobilier, effets de l'évêque de Tarente, enlevés en présence du maître d'hôtel de *Bonaparte*, et emballés en cinquante-deux caisses .... 700,000 fr.

Mobilier de l'archiduc Ferdinand, à Milan et à Mouza, et 160 ballots d'effets précieux *saisis* à Bergame, ville neutre, *par ordre de Bonaparte*, et vendus à l'enchère .... 2,000,000 fr.

Gratifications reçues par *Bonaparte* et son armée, des républiques de Gênes et de Venise, depuis le mois de mai jusqu'au mois de décembre 1796, par forme de sauvegarde........................... 2,500,000 fr.

Enlevés au duc de Modène, à Venise, contre la foi des traités............... 2,650,000 fr.

Au relevé de Mallet du Pan, dont les calculs ont été reconnus « d'une affreuse exactitude », il faut ajouter le produit des réquisitions innombrables extorquées, soit à titre de prêt, soit en denrées ou en marchandises, soit en argent ; les enlèvements de chevaux, de bestiaux, de voitures; le pillage des magasins et greniers publics appartenant aux hôpitaux, aux communautés, aux villes et à l'Etat ; les vols de tableaux, de vases, de statues, dans les maisons particulières, par des officiers, commissaires ou employés de l'armée (1) ; les levées de grains, fourrages, den-

---

(1) Lucien Bonaparte parle dans ses mémoires de la galerie de *vingt mille tableaux* qu'avait acquise son oncle le cardinal Fesch, commissaire des guerres pendant la campagne d'Italie. « Ce chiffre, dit-il, n'est nullement exagéré. » Lucien, en 1800, en possédait pour sa part *trois cents*, tous de grands maîtres et venant d'Italie. *(Bonaparte et son temps,* par Jung, t. III, p. 171.)

rées de toute espèce, dans le Véronais et l'Etat vénitien, et payées avec des bons dont la somme s'élevait à dix-huit millions, et qui n'ont jamais été acquittés ; enfin, la confiscation des biens des émigrés, la vente des biens ecclésiastiques, le mobilier des maisons religieuses, etc. *(Mémoires pour servir à l'histoire de France,* par Salgues, t. I, p. 630.)

Tout cela, il faut bien en convenir, est loin de justifier le mépris des richesses que l'académicien Thiers attribue à son héros de la liberté, au libérateur de l'Italie :

« Qu'un Pichegru, s'écrie l'académicien Thiers, se laissât allécher par un château, un titre et quelques millions, on le conçoit. A l'ardente imagination du conquérant d'Italie, il fallait une autre perspective : il fallait celle d'un monde nouveau, révolutionné par ses mains. »

Mais ne résulte-t-il pas de l'affirmation de Bourrienne et du relevé de Mallet du Pan, que si le conquérant d'Italie était incapable de se laisser allécher, comme Pichegru, par quelques millions, il savait infiniment mieux que Pichegru se les approprier lui-même par ses déprédations ?

Disons-le clairement : Bonaparte a volé plusieurs millions durant sa première campagne d'Italie. De plus, il ment, il en impose, en prétendant qu'il ne possédait pas cent mille écus à son retour d'Italie, et il s'est montré indigne d'être compté au nombre des hommes (1).

Durant cette seule campagne d'Italie, Bonaparte a flétri la gloire des armes par des actes de barbarie et de fausseté, dont l'histoire ancienne et moderne n'offre aucun exemple.

Il a soufflé parmi les peuples l'esprit de discorde et de révolte.

Il a soulevé les pauvres contre les riches.

Il s'est partout fait précéder d'une avant-garde de brigands et d'agitateurs, destinés à préparer dans l'ombre les triomphes de l'armée et à marquer ses logements (2).

Il a rompu tous les liens sociaux qui unissent les hommes.

Il a corrompu le peuple, en semant partout le mépris des mœurs et en le rendant faux et cruel.

---

(1) On lit dans les mémoires de Madame de Rémusat, (tome I, page 146) : « Ce fut à la Malmaison que madame Bonaparte nous montra cette prodigieuse quantité de perles, de diamants et de camées qui composaient dès lors son écrin, digne déjà de figurer dans les contes des *Mille et une Nuits*, et qui pourtant devait tant s'augmenter depuis. *L'Italie envahie avait concouru à toutes ces richesses...* Les salons étaient somptueusement décorés de tableaux, de statues, de mosaïques, *dépouilles de l'Italie*, et chacun des généraux qui figurèrent dans cette campagne pouvait étaler un pareil butin. »

(2) « Il faut le redire, le procédé invariable de Napoléon fut la surprise. » (Michelet, t. III, p. 248.)

Il a vaincu par les conspirations autant que par les armes.

Il a grandi un mal trop naturel à l'homme, l'adoration de la force brutale et l'idolâtrie du succès.

Le poète Lebrun n'en a pas moins composé le distique suivant, pour célébrer le retour de l'imposteur d'Arcole et du déprédateur de l'Italie :

> Héros cher à la paix, aux arts, à la victoire,
> Il conquit en deux ans mille siècles de gloire.

Dans l'antiquité, le guerrier qui, comme Bonaparte, détournait à son profit une portion du butin était condamné à l'interdiction du feu et de l'eau. A cette peine succéda celle de la déportation, et la loi *Julia* prononça ensuite la restitution du quadruple contre cette espèce de péculat. Dans la suite, ce crime fut quelquefois puni de mort.

En France, en 1797, le Directoire exécutif fit une sorte de réception triomphale au guerrier qui avait détourné à son profit un butin de TROIS MILLIONS. L'Institut le reçut membre de la classe de « mécanique », le 28 décembre 1797. Les troupes, rentrant en France, chantèrent des chansons en son honneur, le portèrent aux nues et déclarèrent hautement qu'il fallait chasser les avocats et faire roi « le Petit Caporal ». L'histrion boiteux, Talleyrand, passant toutes les bornes, par ses hâbleries, montra le général Bonaparte n'aimant que la paix et l'étude, n'aspirant qu'au repos et faisant ses délices d'Ossian.

Toutefois, un républicain, le poète Théodore Désorgues, s'éleva contre la réception triomphale faite à Bonaparte et décocha au poète Lebrun, en réponse à son distique, cette épigramme :

> Oui, le fléau le plus funeste,
> D'une lyre banale, obtiendrait des accords.
> Si la peste avait des trésors,
> Lebrun serait soudain le chantre de la peste.

XII

DÉPART POUR L'ÉGYPTE

De retour en France avec trois millions provenant de ses pillages et de ses brigandages durant vingt mois, le semeur des germes de la liberté s'y ennuie au bout de quelques jours et laisse échapper cet aveu, que n'ont point recueilli les historiens Thiers et Duruy :

« Je ne veux plus rester ici, il n'y a rien à faire... Je vois que si je reste je suis coulé dans peu. Tout s'use ici, je n'ai déjà plus de gloire. Cette petite Europe n'en fournit pas assez. Il faut aller en Orient. » (1)

---

(1) Pendant le délai que l'affaire de Bernadotte, ambassadeur à Vienne, apporta à l'expédition d'Égypte, Bonaparte répondit à ceux qui le pressaient de prendre la direction du complot contre le Directoire: « Les Français ne sont pas encore assez malheureux ; ils ne sont que mécontents. On me dit de monter à cheval ; si je le faisais, personne ne voudrait me suivre : il faut partir. » (*Histoire de Napoléon* Ier, par Norvins, t. I, p. 367.)

Le poète Français l'a dit :

La soif de commander enfanta les tyrans,
Du Tanaïs au Nil porta les conquérants :
L'ambition passa pour la vertu sublime ;
Le crime heureux fut juste et cessa d'être crime.

Nommé général en chef de l'armée d'Orient, par arrêté du Directoire exécutif du 12 avril 1798, le conquérant moderne s'embarque à Toulon pour le Nil, avec quarante mille hommes, l'élite des soldats français, auxquels il promet de les rendre possesseurs chacun de sept arpents de terre. (*Mémorial de Sainte-Hélène*, t. Ier, p. 264.) La trahison lui livre, en passant, l'île de Malte : « Nous sommes bien heureux, dit le général du génie Caffarelli-Dufalga, qu'il y ait eu quelqu'un dans la place pour nous en ouvrir les portes. »

Dans ce cas, il est de principe, et le droit des gens veut qu'on laisse aux peuples ces grandes choses : la vie, la liberté, les lois, les mœurs et les biens.

Conformément à ce principe, le conquérant moderne prend l'arrêté suivant, daté de Malte le 13 juin 1798 :

BONAPARTE, général en chef, ORDONNE :

Article 1er. — Le citoyen Berthollet, le contrôleur de l'armée et un commis du payeur *enlèveront* l'or, l'argent et les pierres précieuses qui se trouvent dans l'église de Saint-Jean et autres endroits dépendants de l'Ordre de

Malte, l'argenterie des auberges et celle du grand-maître.

Article 2. — Ils feront fondre dans la journée de demain tout l'or en lingots, pour être transporté dans la caisse du payeur à la suite de l'armée.

Article 3. — Il feront un inventaire de toutes les pierres précieuses, qui seront mises sous le scellé dans la caisse de l'armée.

Par d'autres arrêtés, le conquérant moderne ordonne ensuite à tous les habitants des îles de Malte et de Gozo, de porter la cocarde tricolore, et leur défend d'avoir des armoiries, de cacheter des lettres avec des armoiries et de prendre des titres féodaux.

Il fait mettre dans chaque église, à la place où étaient les armes du grand-maître de l'ordre de Malte, celles de la République.

Il décide que les contrevenants à ces dispositions seront condamnés: la première fois, à une amende du tiers de leur revenus; la deuxième fois, à trois mois de prison; la troisième fois, à un an de prison; la quatrième fois, à la déportation de l'île de Malte et à la confiscation de la moitié de leurs biens.

Il prescrit d'envoyer à Paris, pour être élevés dans les écoles de la République, les enfants de 9 à 14 ans appartenant aux plus riches familles; il force les parents de ces enfants à leur payer une pension de 800 fr. et de leur donner 600 fr. pour leur voyage; il fixe que leur départ aura lieu dans le délai d'un mois au plus tard ; et, comme l'éducation intéresse principalement la prospérité et la sûreté publiques, il condamne les parents qui se refuseraient de laisser partir leurs enfants, à payer mille écus d'amende.

Il forme une compagnie de trente volontaires, composée de jeunes gens de 15 à 30 ans, pris dans les familles les plus riches; il en ordonne l'inspection et prescrit de condamner les manquants à un an de prison, et les parents, jouissant du bien de la famille, à mille écus d'amende.

Il prescrit également de *condamner à mort* tous les Grecs des îles de Malte et de Gozo, et des départements d'Ithaque, de Cocyre et de la mer Egée, qui conserveraient des relations quelconques avec les Russes, et de couler bas tous les bâtiments grecs qui navigueraient sous le pavillon russe.

Bien qu'ayant appris dans ses lectures qu'un pirate qui enlève des êtres humains sur une terre qui lui est étrangère, commet un crime, le conquérant moderne, par un simple ordre du jour du 17 juin 1798, fait enlever et embarquer *comme mousses* tous les garçons au-dessus de dix ans, et les envoie périr dans la rade d'Aboukir.

Tels sont ces « règlements administratifs qui, selon l'académicien Thiers, étaient nécessaires pour l'établissement du régime municipal dans l'île de Malte », c'est-à-dire pour l'exercice de ce droit antique proclamé par la législation romaine, qui autorise les habitants de la cité à choisir eux-mêmes les magistrats destinés à administrer les affaires locales et à surveiller les intérêts communs : régime de famille, de paix, d'économie et de liberté, qui peut seul développer la civilisation.

A la suite de ces diverses mesures, qui, est-il nécessaire de le dire? n'ont absolument rien de commun avec le régime municipal ou communal, et dont la violence, l'arbitraire et la barbarie révoltent la conscience, le général en chef Bonaparte prend une autre mesure, qui, pour être équitable dans le fond, n'en est pas moins blâmable dans la forme, et qui fait partie de ces fameux règlements administratifs dont parle l'académicien Thiers :

« Il est expressément défendu à l'évêque, aux ecclésiastiques et aux habitants de l'île, dit Bonaparte, de rien recevoir pour l'administration des sacrements; le devoir de leur état étant de les administrer gratis. Ainsi, les droits d'étole et autres pareils restent abolis. »

Que ce soit là, nous le répétons, une prescription équitable, on peut l'admettre ; mais il faut être un historien fantaisiste, comme l'académicien Thiers, pour trouver dans cet ordre de Bonaparte, « un règlement administratif propre à l'établissement du régime municipal. »

Persuadé que le général Vaubois, à qui il avait

dit, le 20 juillet 1796, que l'on était aussi coupable d'obéir à ceux qui n'ont pas le droit de commander, que de désobéir à ses chefs légitimes; persuadé que le général Vaubois, qu'il a chargé du gouvernement de Malte, se fera un devoir d'exécuter aveuglément les prescriptions sauvages qu'il lui a ordonnées pour l'établissement du « régime municipal », — le général en chef Bonaparte quitte l'île de Malte, le 19 juin 1798, et poursuit sa route vers le Nil :

« Cet homme, nous dit l'académicien Thiers, cet homme qui, suivant d'absurdes détracteurs, craignait les hasards de la mer, s'abandonnait tranquillement à la fortune, au milieu des flottes anglaises, et avait l'audace de perdre quelques jours à Malte, pour en faire la conquête. »

N'est-ce pas le comble de l'héroïsme? et la conduite des absurdes détracteurs de Bonaparte n'est-elle pas infâme?

XIII

DÉBARQUEMENT EN ÉGYPTE

A la vue d'Alexandrie, et sur le point de débarquer, le conquérant moderne, après avoir plongé dans l'avenir un œil ardent et résolu, s'écrie :

« Soldats !

« Vous allez entreprendre une conquête dont les effets sur la civilisation et le commerce du monde seront incalculables. Vous porterez à l'Angleterre le coup le plus sûr et le plus sensible, en attendant que vous puissiez lui donner *le coup de la mort.* »

Le général en chef Bonaparte débarque aussitôt sur la terre d'Egypte et s'y annonce comme allié du Sultan, attiré par le désir de délivrer l'Egypte du joug des Mameluks. Il s'empare d'Alexandrie et Rosette est forcée. Ses troupes, qui ne savaient que se dévouer et mourir pour l'existence ou la grandeur de la France, comme le déclare l'historien Thiers, se ruent avec fureur dans les deux havres et dans le phare.

Un égorgement effroyable est le résultat de ce premier succès et de cet étrange dévouement patriotique. L'un des égorgeurs, l'adjudant-général Boyer, écrit à ses parents : « Les Turcs, repoussés de tous les côtés, se réfugient chez leur Dieu et leur prophète. Ils remplissent leurs mosquées, hommes, femmes, vieillards, jeunes enfants, tous sont massacrés. »

> On égorge à la fois les enfants, les vieillards,
> Et la sœur, et le frère,
> Et la fille, et la mère,
> Le fils dans les bras de son père !

Tout périt ! Enfin, las de sang, de meurtre et de pillage, les soldats du conquérant moderne s'arrêtent. Les Musulmans, épouvantés, mettent bas les armes. Tout ce qui peut s'échapper par la fuite, court chercher un asile dans les lieux souterrains, dans des décombres, au milieu des ruines. Le gouverneur d'Alexandrie, Mohamed-El-Coraïm, un descendant de Mahomet, vient implorer, pour lui et les malheureux habitants qu'il gouverne, la clémence du futur monarque civilisateur.

Notre « héros de la liberté », qui au génie du grand capitaine savait unir le tact et l'adresse du fondateur, accueille avec la courtoisie d'un homme de génie désirant plaire à un homme d'esprit le gouverneur Mohamed-El-Coraïm, auquel il impose le serment de fidélité à la République française.

Il lui ordonne de prendre la cocarde tricolore et de continuer ses fonctions de gouverneur, sous les ordres d'un général français, et le charge de faire répandre aussitôt une proclamation dans laquelle on lit :

« Peuples de l'Egypte, on vous dira que je viens pour détruire votre religion : ne le croyez pas. Répondez que je viens restituer vos droits, *punir les usurpateurs*, et que je respecte, plus que les Mameluks, Dieu, son Prophète et le Coran. »

Parlant des sentiments des Français, cet ennemi des usurpateurs, « écrivain immortel, immortel comme César, grand esprit, orateur inspiré dans ses proclamations, chantre de ses propres exploits dans ses bulletins, et dont on écoutait avec admiration le langage précis et figuré », ainsi que le dit si éloquemment l'académicien-historien Thiers, cet ennemi des usurpateurs ajoutait dans sa proclamation aux Musulmans :

« *Nous aussi nous sommes de vrais Musulmans !* N'est-ce pas nous qui avons détruit le pape, qui disait qu'il fallait faire la guerre aux Musulmans ? N'est-ce pas nous qui avons détruit les chevaliers de Malte, parce que ces insensés croyaient que Dieu voulait qu'ils fissent la guerre aux Musulmans ? (1).

---

(1) Trois ans après, il écrira au pape : « Je désire que « Votre Sainteté intervienne auprès des différentes cours

« Trois fois heureux ceux qui seront avec nous ! Ils prospèreront dans leur fortune et leur rang. Heureux ceux qui seront neutres ! Ils auront le temps de nous connaître et ils se rangeront avec nous. Mais malheur, trois fois malheur à ceux qui s'armeront pour les Mameluks et combattront contre nous ! Il n'y aura pas d'espérance pour eux : ils périront ! »

Puis, ce vrai musulman, destiné à être « le restaurateur du trône et de l'autel, le libérateur de la Pologne, le représentant de l'Europe, le sauveur de la société, l'auteur de notre grandeur nationale, et dont l'imagination grandiose ne pouvait admettre les vérités qui contrariaient ses calculs ; en un mot, le génie de Titan qui voulait escalader le ciel, — qui est hors de cause devant l'histoire et qui a été le réparateur de toutes les fautes de la Révolution », — décrète, le jour même de son débarquement à Alexandrie, 1ᵉʳ juillet 1798 :

« ....

« pour la réorganisation de l'Ordre de Malte, qui va ren-
« trer en possession de l'île. » (Lettre de Bonaparte au pape, du 10 octobre 1801, tome VII, p. 357.)

Sa lettre au pape, du 27 juillet 1801, se termine par ces mots :

« Dans toutes les occasions, je prie Votre Sainteté de
« compter sur le concours de son dévoué fils. Bonaparte. »
(Tome VII, p. 265.)

« Art. 2. — Tous les villages qui prendront les armes contre l'armée française seront brûlés.

....

« Art. 5. — Chaque habitant restera chez lui et les prières continueront comme à l'ordinaire. Chacun remerciera Dieu de la destruction des Mameluks et criera : *Gloire au Sultan, gloire à l'armée française, son amie ! Malédiction aux Mameluks et bonheur au peuple d'Egypte !* »

Grâce à ces dispositions, qui unissent le tact et l'adresse du fondateur au génie du grand capitaine, la résistance cesse ; et, comme le fait observer fort judicieusement l'académicien Thiers, « pour le moment, les dangers de la mer et d'une rencontre avec les Anglais étaient passés ; les plus grands obstacles étaient vaincus avec le bonheur qui semble toujours accompagner la jeunesse d'un grand homme ! »

Maître d'Alexandrie, le grand homme, qui a dépassé toute grandeur connue et qui a été le moins cruel des généraux, prend l'arrêté ci-après, daté d'Alexandrie le 3 juillet 1798 :

....

« Art. 2. — Tous les bâtiments de guerre qui appartiendraient aux Mameluks ou à des nations ennemies de la France, seront *confisqués*.

« Art. 3. — Le scellé sera mis sur toutes les maisons et autres propriétés des Mameluks.

« Art. 4. — Toutes les marchandises qui sont à la douane, appartenant aux Mameluks ou à des sujets des nations ennemies de la France, qui sont la Russie, l'Angleterre et le Portugal, seront *confisquées*. »

Deux jours après, le grand capitaine ordonne que les noms de tous les hommes de l'armée française, qui ont été tués à la prise d'Alexandrie, seront gravés sur la colonne de Pompée, et prescrit à la flotte d'aller s'embosser dans la rade foraine d'Aboukir. Il se dirige ensuite sur le Caire, en passant à travers le désert de Damanhour.

A Chébreiss, il rencontre, pour la première fois, quelques Mameluks qui se rallient, en avant du Caire, au gros de leurs forces, après un combat insignifiant, que le conquérant moderne, qui « ne faisait rien à demi, parce qu'il ne saisissait pas la vérité à demi », a appelé pompeusement BATAILLE DE CHÉBREISS !

« *Quatre* ou *cinq* Mameluks seulement, déclare le maréchal Marmont, vinrent sur une compagnie de carabiniers qui flanquait la droite de notre carré, et se ruèrent sur elle ; ils furent tués, eux ou leurs chevaux ; ceux qui se trouvaient seulement démontés vinrent, le sabre à la main, expirer sur les baïonnettes de cette compagnie ; c'étaient des fous, dont le courage égalait l'ignorance et la déraison. Voilà tout ce qui passa dans cette journée, appelée pompeusement et assez ridiculement du nom de BATAILLE DE CHÉBREISS. »

Dans son rapport officiel au Directoire exécutif, le chantre de ses propres exploits dans ses bulletins, rend compte de cette affaire en ces termes:

« La cavalerie des Mameluks, dit-il, inonda

toute la plaine, déborda toutes nos ailes et chercha, de tous côtés, sur nos flancs et nos derrières, le point faible pour pénétrer ; mais partout elle trouva que la ligne était également formidable, et lui opposait un double feu de flanc et de front. Ils essayèrent plusieurs fois de charger, mais sans s'y déterminer. Quelques braves vinrent escarmoucher ; ils furent reçus par des feux de peloton des carabiniers placés en avant des intervalles des bataillons. Enfin, après être restés une partie de la journée à demi-portée de canon, ils opérèrent leur retraite et disparurent. On peut évaluer leur perte à *trois cents hommes tués ou blessés.* »

L'imposture a-t-elle jamais été poussée aussi loin ? Lorsqu'on songe que, dans les temps anciens, Cyrus disait au roi d'Arménie : « L'imposture est le plus odieux des crimes et rend tout à fait indigne de pardon », est-il possible de ne pas se soulever de colère et d'indignation devant tant d'impudence ?

« La mort de ces *quatre* ou *cinq* Mameluks, ajoute le maréchal Marmont, fut un événement important. Dépouillés, on trouva sur chacun d'eux *cinq ou six mille francs en or, de riches habits et de belles armes.* L'idée de pareilles dépouilles éveilla la cupidité des soldats et leur rendit, pour un moment, toute leur bonne humeur. »

Néanmoins, les plaintes et les regrets de l'armée sont unanimes ; le dégoût est général, et l'unique désir des chefs comme de tout le monde est de s'en retourner : il n'y a plus de place à l'espérance.

Un maréchal des logis écrit à un de ses amis resté en France : « Dis à Ledoux qu'il n'ait jamais la faiblesse de s'embarquer pour venir dans ce maudit pays. »

Un autre militaire, Avrieury, s'écrie : « J'ai de ce charmant pays par-dessus la tête. Je m'enrage d'y être. La maudite Egypte ! Sable partout ! Que de gens attrapés, cher ami ! Tous ces faiseurs de fortune, ou bien tous ces voleurs, ont le nez bas ; ils voudraient retourner d'où ils sont partis : je le crois bien ! »

Le pourvoyeur de l'échafaud de Bordeaux, le fameux Tallien, joint ses plaintes à celles de l'armée : « Si j'ai le bonheur de retoucher le sol de mon pays, écrit-il à sa femme, ce sera pour ne le quitter jamais. Parmi les quarante mille Français qui sont ici, il n'y en a pas quatre qui pensent autrement. Rien de plus triste que la vie que nous menons ici. Nous manquons de tout. »

Dans la correspondance du capitaine Rozis, on lit : « Nous habitons un pays où tout le monde se déplaît à la mort. Si l'armée l'avait connu avant de sortir de France, nul de nous ne se serait embarqué, et chacun aurait préféré mille fois la mort à nous voir réduits à la misère où nous sommes. Nous avons l'ennemi partout : devant, derrière et sur les côtés. Il nous est mort dans l'espace de cinq à six jours, sans exagérer, de cinq à six cents hommes par la soif. Il existe un mécontentement général dans l'armée : le despotisme n'a jamais été au point qu'il l'est aujourd'hui. Nous avons des soldats qui se sont donné la mort en présence du général en chef, en lui disant : *Voilà ton ouvrage !* On voit des soldats qui, témoins des souffrances de leurs camarades, se brûlent la cervelle ; d'autres se jettent, armes et bagages, dans le Nil et périssent au milieu des eaux. Les soldats disent, en voyant passer les généraux : *Voilà les bourreaux des Français !* et profèrent cent autres imprécations de ce genre. Parmi les quarante mille Français, tout le monde veut retourner en France ; il n'y en a pas quatre qui pensent autrement, etc. »

Huit jours après l'affaire de Chébreiss, le conquérant moderne remporte la célèbre victoire des Pyramides. Dans cette journée immortelle, beaucoup de Mameluks, couverts d'or et d'objets précieux, se noyèrent dans le Nil, et les soldats du mortel dont l'immortel académicien Thiers a écrit « la glorieuse histoire », et qui « avait le goût des grandes ressources et pas du tout celui du sang », — étaient au désespoir de perdre les trésors des noyés.

« Un Gascon, soldat dans la 32ᵉ demi-brigade, raconte le maréchal Marmont, imagina d'essayer de se les approprier en retirant leurs corps du fleuve. Il courba sa baïonnette et fit ainsi un crochet, une espèce d'hameçon. Placé au bout d'une corde, il le traîna au fond du fleuve et ramena à la surface un Mameluk. Grande joie pour lui, et grand empressement de la part de ses camarades à l'imiter. Beaucoup de baïonnettes ayant été courbées immédiatement, la pêche fut abondante ; il y eut des soldats qui déposèrent jusqu'à *trente mille francs* dans la caisse de leur régiment. »

Ainsi se réalisait cette parole prophétique du chantre de ses propres exploits, à savoir : que les effets de la conquête d'Égypte sur la civilisation et le commerce du monde seraient incalculables !

En présence d'un résultat si précieux et d'un spectacle si touchant; en présence de ce dévouement à la patrie, fondé sur l'abnégation de soi-même et de cet amour de la gloire fondé sur le mépris des richesses, le conquérant moderne, à la « figure aussi grande qu'originale, qui devinait tout, et dont la prodigieuse sagacité, perçante comme son regard, semblait pénétrer jusqu'au fond des âmes », s'élança sur un cheval, se montra rayonnant d'enthousiasme, galopa devant ses soldats-pêcheurs de Mameluks et, leur montrant les Pyramides, s'écria :

« Soldats! songez que du haut de ces Pyramides quarante siècles vous contemplent!!! »

Et voilà comment le terrible fléau de la guerre, dont les gouvernements doivent, autant qu'il dépend d'eux, garantir les nations, devient un sujet d'orgueil et d'admiration : le conquérant moderne, qui devinait tout, ignorait que pour qu'une guerre soit faite avec justice, il faut qu'elle soit entreprise pour une juste cause et que l'on reste, en la faisant, dans les règles de la justice et dans des sentiments de dignité et d'humanité. Mais est-ce qu'un conquérant se préoccupe de ce qui est juste ou injuste, bien ou mal?

XIV

ESSAI DU SCEPTRE

Arrivé au Caire, capitale de l'Égypte, près de la rive droite du Nil, au pied du mont Mogattam, l'homme des miracles, « le guerrier invincible et sage, qui ne combattait, nous dit l'académicien Thiers (t. XIII, p. 6), que pour obtenir une paix glorieuse et durable », et que la victoire des Pyramides avait fait surnommer le *sultan Kébir* (roi du feu), — apprend que l'escadre qui l'avait transporté en Égypte et qu'il avait retenue dans la rade d'Aboukir, avait été détruite par les Anglais et que l'amiral français Brueys avait été tué.

Il y a là un point important de notre histoire qui a été laissé dans l'obscurité et que nos historiens n'ont pas cherché à éclaircir.

On prétend et on enseigne encore dans nos écoles publiques, qu'en quittant Alexandrie pour se porter vers le Caire, « Bonaparte avait fortement recommandé à l'amiral Brueys de ne point rester dans la rade d'Aboukir, où les Anglais auraient tant d'avantage à le combattre. »

Cela est complètement inexact : loin d'avoir fortement recommandé à l'infortuné Brueys de s'éloigner de la rade d'Aboukir, le général Bonaparte lui avait, au contraire, formellement prescrit d'y rester :

« Nous sommes ici, dit l'amiral Brueys, dans un ordre du jour daté d'Aboukir, le 14 juillet 1798, à attendre avec impatience le moment où nous pourrons à notre tour combattre nos ennemis, donner des preuves de notre courage et supporter les mêmes privations sur la nourriture, si cela devient nécessaire pour arriver à la fin de nos succès, et attendre que, maîtres de l'Égypte, nous puissions avoir part aux riches productions de son sol... Qu'aucun sacrifice ne nous coûte pour nous montrer les émules de la brave armée d'Italie et du général Bonaparte, si digne de nous commander. »

Le 27 juillet 1798, cinq jours seulement avant la mort de l'amiral Brueys, le général Bonaparte lui écrivait : « Faites bien garder Coraïm, c'est un coquin qui nous a trompés : *s'il ne nous donne pas les cent mille écus que je lui ai demandés*, JE LUI FERAI COUPER LA TÊTE. »

Et le 30 du même mois, il prenait et envoyait à l'amiral Brueys un arrêté ainsi conçu :

« BONAPARTE, général en chef, ayant des preuves de trahison de Sidi-Mohamed-El-Coraïm, qu'il avait comblé de bienfaits,

« Ordonne :

« Art. 1er. — Sidi-Mohamed-El-Coraïm payera une contribution de 300,000 fr.

« Art. 2. — A défaut par lui d'acquitter ladite contribution, cinq jours après la publication du présent ordre, *il aura la tête tranchée.* »

A la réception de cet ordre, l'amiral Brueys fit débarquer Coraïm, qui, de son côté, demandait à être conduit d'Aboukir au Caire, pour se justifier de ce dont on l'accusait, et qui échappa ainsi au désastre de la flotte française. « Vingt-quatre heures de plus, dit Kléber dans sa lettre du 16 août 1798, et il eût partagé le sort de l'*Orient* », vaisseau que montait l'amiral Brueys, et qui fut englouti (1).

Le contre-amiral Blanquet-Duchayla, dans une lettre datée d'Alexandrie, le 12 août 1798, et adressée au général Bonaparte, s'exprime en ces termes : « Le parti en était pris, nous devions attendre l'ennemi au mouillage..... Si vous eussiez été plus près de nous, mon général, toutes les incertitudes qui nous assiégeaient, soit par le manque de vivres et d'eau, soit par l'insuffisance de nos moyens offensifs et défensifs en hommes

---

(1) « L'*Orient* brûla comme un volcan au milieu du combat, dont il éclaira pendant quelque temps le terrible spectacle. » (Walter-Scott, *Vie de Napoléon*, t. VII, p. 115.)

exercés à vaincre, eussent cessé. L'amiral, dont la fin a été aussi honorable que touchante, aurait pu se décider comme si l'ennemi eût été près de nous ; mais CE QUI L'ENCHAINAIT ÉTAIT LE RESPECT RELIGIEUX QU'IL PORTAIT A VOS INTENTIONS... »

Dans les *Mémoires pour servir à l'histoire de France*, par Salgues (t. II, p. 227), il est dit encore : « L'on avait cru que la flotte, heureuse d'avoir évité les Anglais, quitterait les côtes d'Egypte aussitôt après le débarquement et ferait voile pour Corfou, où elle pourrait se réunir aux vaisseaux de Toulon, d'Ancône et de Malte, et se trouver en état de tenir la mer et d'assurer les communications. La prudence indiquait cette mesure, c'était aussi l'avis de l'amiral Brueys ; mais Bonaparte, qui décidait de tout en souverain, en ordonna autrement, et elle attendit l'ennemi dans la rade d'Aboukir. »

En outre, le secrétaire particulier et ami d'enfance de Bonaparte, le conseiller d'Etat Bourrienne, déclare dans ses Mémoires (t. II, p. 132), qu'en apprenant la terrible catastrophe d'Aboukir, le général en chef fut accablé. « Je dirai même, ajoute Bourrienne, que sa situation me faisait beaucoup de peine... D'après ce que m'avait dit le général Bonaparte, avant la nouvelle du 1ᵉʳ août, il voulait, la possession de l'Egypte une fois assurée, repartir pour Toulon avec cette flotte. »

Dans le rapport du contre-amiral Ganteaume, qui, présent à la bataille d'Aboukir, échappa avec beaucoup de peine de la destruction de la flotte et fut chargé par Bonaparte de rédiger les détails de cette malheureuse affaire, pour les envoyer au ministre de la guerre, on lit les lignes suivantes :

« On pourra peut-être dire qu'il eût été plus
« prudent de quitter la côte aussitôt que le débar-
« quement eut eu lieu ; mais *vu les ordres du*
« *commandant en chef*, et la force incalculable
« que la présence de la flotte donnait à l'armée
« de terre, l'amiral jugea qu'il était de son
« devoir de ne point quitter ces mers. » *(Vie de Napoléon*, par Walter-Scott, t. VII, p. 110.)

Tout le monde savait dans l'armée que l'amiral Brueys n'était resté dans la rade d'Aboukir que *pour obéir aux ordres du général en chef*. Le commissaire-ordonnateur l'avait écrit à son frère dans une lettre du 7 juillet, interceptée par les Anglais : « L'opinion générale, disait-il, était qu'aussitôt le débarquement, nous aurions dû partir pour Corfou, où nous aurions été ralliés par nos vaisseaux de Malte, de Toulon et d'Ancône, pour être prêts à tout. »

On savait également que la flotte avait été retenue pour fournir des vivres à l'armée de terre, et que les équipages des vaisseaux avaient été sur le point de manquer de provisions. Bonaparte était si peu disposé à renvoyer la flotte à

Corfou que, trois semaines avant l'apparition des Anglais, il s'occupait de la fortifier et qu'il écrivait au Directoire exécutif : « J'aurais besoin que vous m'envoyassiez, le plus tôt possible, les trois Vénitiens qui sont à Toulon. »

Et l'amiral Brueys sentait si bien le danger de sa position, qu'il ne craignit pas de confier ses pressentiments au ministre de la marine : « Il est fâcheux pour notre flotte, lui écrivit-il, qu'il n'y ait pas un port où une escadre puisse entrer... J'ai donc mis à voile pour aller mouiller à la rade d'Aboukir avec treize vaisseaux et trois frégates... Cette position est la plus forte que nous puissions prendre dans une rade ouverte, où l'on ne peut pas s'approcher assez de terre pour y établir des batteries. Nos équipages sont très-faibles en nombre et en qualité d'hommes. Nos vaisseaux sont en général fort mal armés ; et je trouve qu'il faut bien du courage pour se charger de conduire des flottes aussi mal outillées. »

Si, plus tard, l'amiral Brueys parut se rassurer, c'est que Bonaparte parvint à lui inspirer une partie de cette confiance qu'il portait jusqu'à la témérité ; c'est que c'était une opinion reçue dans l'armée que Bonaparte était invincible, et que son étoile ne pouvait lui être infidèle. L'amiral périt moins par inexpérience que par faiblesse : il craignit, en s'éloignant d'Aboukir, de déplaire à Bonaparte, auquel il devait une partie de son élévation, et sacrifia à cette crainte son opinion et sa vie.

Enfin, le maréchal Marmont, dans ses Mémoires, (t. I, p. 390), publiés en 1857, dit :« Jamais l'amiral Brueys, le fait est indubitable, n'a eu l'ordre d'aller à Corfou, ni de croiser... ; jamais Bonaparte n'a conçu ni manifesté l'intention de se séparer de son escadre. La manière même dont il accusait Brueys prouvait le peu de sincérité de son langage. »

Il.y a donc ignorance ou mauvaise foi à soutenir de nos jours et à enseigner dans nos écoles publiques, qu'en quittant Alexandrie, Bonaparte avait fortement recommandé à l'amiral Brueys de ne point rester dans la rade d'Aboukir : en accusant ce brave amiral de désobéissance, on ajoute la honte à sa défaite, on se rend injuste à son égard et on propage une calomnie.

Qu'on nous pardonne cette longue dissertation sur le désastre d'Aboukir, et reprenons le récit des merveilles du héros invincible et sage, qui compte au nombre de ses admirateurs les Thiers, les Salvandy, les Duruy, les Vivien et les Tissot.

Etabli au Caire, le héros dont l'épée traçait des épopées magnifiques et qui a été, selon l'académicien comte de Salvandy, l'image épique de la modération vivante, armée, victorieuse, également habile et puissante, parée à la fois de génie, de force et de gloire, le héros qui a joint le merveilleux au sublime et qui était convaincu que le but de l'existence est la pratique de la bienveillance mutuelle et le désir sans cesse accru de se rendre heureux les uns les autres, sans distinction de race, de sang et de couleur, — écrit à un général de sac et de corde, qui n'était pas même Français :

« Il faut que vous traitiez les Turcs avec la plus grande sévérité. *Tous les jours, ici, je fais couper trois têtes et les fais promener dans le Caire* : c'est le seul moyen de venir à bout de ces gens-ci. »

En effet, pour détruire les peuples, il ne faut pas d'autres moyens que des bourreaux et des flammes ; mais l'historien-académicien, qui affecte d'ignorer que l'expérience démontre que les ennemis se multiplient sous le fer des bourreaux, n'écrit pas moins (t. V, p. 342) : « Il n'y a pas un des pays traversés par ses armées, que la France n'ait laissé meilleur et plus éclairé. ».

Le jour suivant, conformément au principe que les peuples doivent en paix se faire le plus de bien et en guerre le moins de mal possible, « le génie social qui a quelque chose du créateur et dont tous les actes portent le sceau de l'immortalité », écrit à un général renégat :

« Les Turcs ne peuvent se conduire que par la plus grande sévérité. *Tous les jours je fais couper cinq ou six têtes dans les rues du Caire.*

Nous avons dû les ménager jusqu'à présent pour détruire cette réputation de terreur qui nous précédait : aujourd'hui, au contraire, il faut prendre le ton qu'il convient pour que ces peuples obéissent : et obéir, pour eux, c'est craindre. »

On pourrait objecter que la crainte est le plus faible lien qui puisse contenir les hommes, car ceux qui commencent à craindre ont déjà commencé à haïr.

Quoi qu'il en soit, c'est ainsi qu'un génie social, à la fois grand capitaine et grand écrivain, prouve qu'il est le moins cruel des généraux qu'il envoie guerroyer à droite et à gauche, et escarmoucher en tous lieux. Il excite les uns, blâme les autres, encourage les tièdes : son impulsion bienfaisante, éclairée, qui organise et vivifie les empires, se fait sentir partout ; ou plutôt, on croirait, avec l'historien de Norvins, que le destin n'a envoyé en Egypte ce génie social que pour lui faire faire l'essai du sceptre sur les bords du Nil.

Et rien ne saurait mieux prouver qu'il est en Egypte pour faire cet essai de la royauté que l'arrêté ci-après, daté du Caire, le 1ᵉʳ août 1798 :

. . . .

Art. 2. — La femme de Mourad-Bey versera dans la caisse du payeur de l'armée six cent mille francs, dont cent mille francs demain, et le restant à raison de cinquante mille francs par jour.

Art. 3. — A défaut d'effectuer lesdits paiements, tous

les esclaves et biens appartenant aux femmes des Mameluks de la maison de Mourad-Bey, seront regardés comme propriétés nationales ; il sera seulement laissé à la femme de Mourad-Bey..... les yeux pour pleurer.

Le surlendemain, l'auteur de cet arrêté, « dont tous les actes portent le sceau de l'immortalité », écrit au citoyen Rulhières, commissaire du Directoire exécutif français, à Corfou :

« L'état-major vous aura instruit des différentes batailles que nous avons livrées aux Mameluks et des succès complets qu'a obtenus l'armée de la République. A la bataille des Pyramides, nous leur avons pris soixante ou quatre-vingts pièces de canon, et *tué plus de dix mille hommes de cavalerie d'élite.* »

Toujours admirable de désintéressement, et ne parlant de l'effusion du sang humain qu'avec horreur, parce que le massacre d'un homme n'est bon à rien qu'à déshonorer et à soulever l'humanité, ce génie social, continuant son apprentissage de la royauté, écrit ensuite à l'un de ses plus vaillants généraux-égorgeurs : « *Vous avez bien fait, citoyen général, de faire fusiller cinq hommes des villages qui s'étaient révoltés.* »

Puis, il prescrit au général Desaix de nommer quatre officiers pour seconder les quatre commissions chargées de faire les inventaires et de dépouiller les maisons des beys, et il s'écrie :

« Malheur ! trois fois malheur ! à ceux qui recherchent les richesses périssables et qui convoitent l'or et l'argent semblables à la boue ! »

Et, presque au même instant le conquérant moderne écrit au général Kléber : « Vous devez déclarer positivement au commandant de la caravelle, qu'il ait à vous remettre tout l'argent, tous les effets qui n'appartiennent ni à lui ni à son équipage, sous peine d'être puni exemplairement. » — Lisez : *fusillé*.

A la date du 15 août 1798, jour anniversaire de sa naissance, le héros qui a joint le merveilleux au sublime, écrit de nouveau :

1° *Au général Kléber* : « Il nous reste encore à détruire Mourad-Bey, qui occupe la Haute-Egypte, et à soumettre l'intérieur du Delta, où plusieurs partisans des beys se trouvent encore les armes à la main. L'argent est extrêmement rare dans ce pays... Vous ne devez pas avoir eu de difficulté à avoir les 300,000 fr. auxquels j'ai imposé Alexandrie. »

2° *Au contre-amiral Ganteaume* : « Je vous préviens, citoyen général, que j'ai donné ordre de vous envoyer 15,000 fr., qui sont partis aujourd'hui dans la même caisse que les 100,000 fr. de l'ordonnateur Leroy. Vous vous servirez de ces 15,000 fr. pour distribuer des secours aux officiers de l'armée navale qui auraient le plus de besoins. Vous garderez 3,000 fr. pour vos besoins particuliers. »

3° *Au général Menou* : « Je donne ordre au payeur de vous envoyer 15,000 fr. pour être distribués aux individus de l'escadre qui auraient le plus de besoins et qui se seraient réfugiés à Rosette. »

Le lendemain, 16 août 1798, le génie social qui a quelque chose du Créateur, annonce au général Rampon que le général Desaix s'embarquera, le 17, avec sa division pour se rendre à Bénécouef :

« Par là, ajoute-t-il, vous vous trouverez couvert et vous reprendrez sans inconvénient la position d'Alfieli, et punirez le cheik de la conduite perfide qu'il a tenue. Je connais trop l'esprit qui anime les trois bataillons que vous commandez pour douter qu'ils ne fussent fâchés que je donnasse à d'autres le soin de les venger de la trahison infâme des habitants d'Alfieli. »

C'est par tous ces moyens que le plus grand homme des temps modernes, — « qu'il ne faut pas rabaisser, dit l'académicien Thiers (t. XIV, p. 678), car c'est abaisser la nature humaine que d'abaisser le génie », — parvenait à s'attacher l'esprit du pays :

« En respectant les cheiks, écrit l'académicien Thiers, en caressant leur vieil orgueil, en augmentant leur pouvoir, en flattant un désir secret qu'on trouvait en eux, comme on l'avait trouvé en Italie, comme on le trouve partout, celui du rétablissement de l'antique patrie arabe, on était assuré de dominer le pays et de se l'attacher entièrement.

« Bien plus, ajoute l'historien qui a trouvé vingt manières d'écrire l'histoire (t. XII, p. vii), et qui ne trace jamais des tableaux de fantaisie (t. XVII, p. 267), bien plus, en ménageant les propriétés et les personnes, chez un peuple qui était habitué à regarder la conquête comme donnant droit de meurtre, de pillage et de dévastation, on allait causer une surprise des plus avantageuses à l'armée française ; et si, en outre, on respectait les femmes du Prophète, la conquête des cœurs était aussi assurée que celle du sol : *Bonaparte se conduisit d'après ces errements aussi justes que profonds...* »

« Aussi, conclut l'historien-académicien Thiers, les Arabes étaient frappés du caractère du jeune conquérant. Ils ne comprenaient pas qu'un mortel qui lançait la foudre fût aussi clément. Ils l'appelaient le digne enfant du Prophète, le favori du grand Allah ! »

Et voilà pourquoi, sans doute, ce jeune conquérant, — qui ne parlait de l'effusion du sang humain qu'avec la plus grande horreur, mais qui parlait admirablement la langue arabe pour faire une impression si profonde sur le cœur et l'esprit des Arabes, — écrivait au plus intrépide de ses généraux, afin de prouver qu'il possédait toutes les qualités requises pour faire un noble usage du sceptre :

« Il faut absolument que vous profitiez du moment où les circonstances me permettent de laisser votre division à Mansourah, pour soumettre définitivement tous les villages de votre province, prendre des otages des sept ou huit qui se sont mal comportés, et *livrer aux flammes* celui de tous qui s'est le plus mal conduit : *il ne faut pas qu'il y reste une maison.* »

Comment douter, après cela, que Bonaparte ne s'est pas conduit d'après les errements aussi justes que profonds indiqués par l'historien-académicien Thiers ?

Pour achever de s'attacher l'esprit du pays et s'assurer la conquête des cœurs, le jeune conquérant, guidé par « son grand esprit et son grand cœur », prit, à la date du 4 septembre 1798, un arrêté ainsi conçu :

« Article 1er. — La femme de Mourad-Bey, paiera dans la journée du 6, vingt mille talari, acompte de sa contribution.

« Article 2. — Si le 6 au soir, ces vingt mille talari ne sont pas soldés, elle paiera un vingtième par jour en sus, jusqu'à ce que les vingt mille talari soient entièrement versés. »

L'ancien gouverneur d'Alexandrie, le noble Sidi-Mohamed-El-Coraïm, un fort bel homme, de mœurs douces et d'un esprit souple, étant arrivé au Caire, pour se justifier, le mortel qui étonnait par sa clémence, et qui, « sachant se rendre justice, dit l'académicien Thiers, il la rendait aux autres », en oubliant que le devoir de tout homme d'honneur est de ne pas juger son semblable, même dans l'intérieur de son cœur, sans l'avoir entendu, — lui fit demander, pour toute justification, les cent mille écus exigés par l'ordre du 30 juillet 1798.

« Quelques cœurs généreux, raconte Bourrienne essayèrent de sauver Coraïm, qui inspirait de la sympathie : Vous êtes riche, lui disait-on, faites ce sacrifice. » Il souriait et répondait : « Si je « dois mourir à présent, rien ne peut m'y sous-« traire, et je donnerais mes piastres inutile-« ment ; si je ne dois pas mourir, pourquoi les « donner ? »

Sidi-Mohamed-El-Coraïm ayant refusé de donner les trois cent mille francs que lui demandait Bonaparte, le guerrier invincible et sage, qui n'était point méchant, assure l'académicien Thiers, mais au contraire si bien pensant, quand il s'agissait de juger les passions des autres (t. XVII, p. 840), lui fit couper la tête, qui fut promenée dans les rues du Caire, le 6 septembre 1798, à midi, avec cet écriteau infamant :

« *Coraïm, chérif d'Alexandrie, condamné à mort pour avoir trahi les serments de fidé-*

lité qu'il avait faits à la République française, et avoir continué ses relations avec les Mameluks, auxquels il servait d'espion. Ainsi seront punis tous les traîtres et les parjures. »

Mais, si tout coupable, qui est illégalement puni, est injustement puni ; et si celui-là même qui prononce un arrêt juste est un tyran, s'il n'a pas le droit de le prononcer : que faut-il penser de cette manière de punir ? quel nom doit-on donner à l'auteur de cet écriteau infamant ? le même homme peut-il être à la fois accusateur et juge ?

Ou le sens moral est complètement perdu, ou cette conduite de Bonaparte est un attentat contre la nature, la justice et les lois. « Je nie, a dit Mirabeau, que qui que ce soit ait le droit de vie et de mort sur un autre homme. Le droit de vie et de mort, exercé par un homme sur un autre homme, n'est qu'un acte de frénésie. »

En 1752, un immortel esprit, Voltaire, écrivait à Louis XV : « Ne souffrez jamais qu'on exécute à mort un citoyen, fût-il le dernier mendiant de vos Etats, sans qu'on ait envoyé son procès que vous ferez examiner par votre conseil. Ce misérable est un homme, et vous devez compte de son sang. »

D'après les dispositions de notre jurisprudence criminelle, tirées du droit canonique, on ne doit point condamner un absent, qui peut avoir des moyens légitimes de défense ; l'accusateur et le juge ne peuvent servir de témoins ; les grands criminels ne peuvent être accusateurs ; en quelque dignité qu'une personne soit constituée, sa seule déposition ne peut suffire pour condamner un accusé... Mais que signifient les raisonnements et l'opinion des plus grands esprits là où les faits parlent ?

Après l'exécution du chérif d'Alexandrie, on ne trouva rien de ses grandes richesses. Sa mort intimida quelques autres richards du Caire : on en tira trois ou quatre millions.

C'était tout ce que voulait la modération d'un grand homme, qu'on ne peut outrager sans commettre un crime abominable, irrémissible, comme le dit si bien l'académicien Thiers (t. XIX, p. 48); car, « admirable de désintéressement, cet homme, le plus ambitieux des hommes, était, de tous, le moins occupé de ce qui le concernait personnellement. »

Toutefois, il nous semble que, quelque avantage qui puisse résulter de l'assassinat d'un ennemi surpris, jamais un homme d'honneur n'y aura recours. Un tel acte, dans tous les temps et dans tous les lieux, sera toujours signalé comme une exécrable lâcheté.

Pour voir dans l'auteur d'un acte pareil un envoyé de la Providence et la plus haute expression de l'intelligence humaine, il faut vraiment l'engouement d'un historien admirateur ardent, tel que l'académicien Thiers. Ne serait-ce pas là une preuve que, ici-bas, chacun a son petit grain de folie ?

> Chacun suit, dans le monde, une route incertaine,
> Selon que son erreur le joue et le promène ;
> Et tel y fait l'habile et nous traite de fous,
> Qui, sous le nom de sage, est le plus fou de tous.

XV

CONTINUATION DE L'ESSAI DU SCEPTRE

Sachant à la fois travailler et jouir, et que chaque pensée, chaque action de l'homme doit toujours être dirigée vers le but où il est écrit : c'est pour cela que tu es ici ; le jeune conquérant se fit faire un habillement turc, mais seulement pour s'amuser.

Un jour il s'en revêtit et alla déjeuner avec son état-major. A peine fut-il reconnu, qu'on l'accueillit avec les plus grands éclats de rire. Il prit sa place avec calme, mais il était si mal en turban et en robe orientale, si gauche et si gêné dans son accoutrement inusité, qu'il alla bien vite se déshabiller, et jamais plus depuis il ne fut tenté de donner une seconde représentation de cette mascarade.

Mais afin de compléter l'apprentissage de la royauté qu'il devait faire en Egypte, le héros du Nil ayant lu dans l'*Examen politique et critique de l'histoire secrète de la cour de Berlin*, par le baron de Trenck, que le concubinage et l'adultère sont le passe-temps accoutumé des grands et la ressource légitime d'un monarque, le héros du Nil, quoique marié, se prit d'une belle passion pour la femme d'un officier de son armée.

« Elle était très-jolie, dit Bourrienne, et l'extrême rareté en Egypte de femmes qui pussent plaire aux Européens rehaussait encore ses attraits. Bonaparte lui fit meubler une maison qui touchait au palais d'Elfy-Bey qu'il habitait. Il lui prenait souvent fantaisie, vers les trois heures, de faire commander le dîner chez elle. J'y allais seul avec lui à sept heures et je m'en allais à neuf heures. Cette liaison fut bientôt la nouvelle du quartier général et devint le sujet de toutes les conversations. »

Notre jeune conquérant désirait ardemment avoir un enfant de cette jolie femme ; et, ne pouvant y parvenir, il s'écriait : « Que voulez-vous ! la petite sotte... n'en peut pas faire. » Elle, de son côté, lorsqu'on lui faisait sentir le grand avantage d'avoir un enfant du héros du Nil, répondait : « Ma foi ! ce n'est pas ma faute. »

Comme l'a dit Juvénal :

La débauche enfante tous les crimes et tous les forfaits.

Vivant dans un double adultère et sortant des bras de sa maîtresse, le Marc-Aurèle de l'historien au style burlesque, couronné par l'Académie française, le futur « monarque civilisateur » de l'académicien Thiers, voulant prouver que les écarts de raisonnement suivent de près les écarts de conduite, écrit au plus intrépide de ses généraux, pour stimuler son zèle, le jour même de l'exécution du chérif Sidi-Mohamed-El-Coraïm :

« A l'heure qu'il est, citoyen général, vous devez avoir reçu les cartouches : ainsi, j'espère que vous aurez mis à la raison les maudits Arabes des villages de Soubat. *Faites un exemple terrible*, BRULEZ CE VILLAGE et ne permettez plus aux Arabes de venir l'habiter qu'ils n'aient livré dix otages des principaux, que vous m'enverrez pour les tenir à la citadelle du Caire. »

C'était ainsi que ce « génie prodigieux », qui ne faisait rien d'inutile, grâce à sa prodigieuse sagacité, « occupait de son nom, comme le dit si bien l'académicien Thiers, les échos de l'Orient et faisait retentir aux bords du Nil et du Jourdain les foudres dont il avait naguère épouvanté l'Europe sur l'Adige. »

Mais si nous interrogions la raison, qu'aucun préjugé n'altère, et la conscience, qu'aucun intérêt, qu'aucune passion n'a corrompue, elles nous répondraient que l'homme est sacré pour l'homme; que l'attaquer dans sa personne, sa liberté, sa propriété, son honneur ! c'est renverser la base de l'ordre, c'est violer les lois morales et conservatrices du genre humain, c'est commettre un de ces actes qui, dans tous les siècles, chez tous les peuples, ont reçu le nom terrible de *crime*.

Malheureusement, c'était en vain qu'une voix divine, immuable, éternelle, criait au héros du Nil, que l'académicien Thiers nous représente comme ne parlant de l'effusion du sang humain qu'avec horreur : « *Tu ne tueras point, tu ne flétriras point la vertu de l'épouse !...* »

C'était en vain que la même voix criait à cet « instrument de la Providence », qui, d'après l'académicien Thiers, a dépassé toute grandeur connue : « *Celui qui verse le sang de son frère est maudit sur la terre et dans le ciel !...* »

L'envoyé de la Providence, qui faisait retentir aux bords du Nil et du Jourdain les foudres dont il avait naguère épouvanté l'Europe sur l'Adige, n'entendait rien.

« J'espère, écrit-il à l'un de ses généraux de division, j'espère qu'à l'heure qu'il est, citoyen général, vous aurez, de concert avec le général Dugua, soumis le village de Soubat et *exterminé ces coquins d'Arabes.* »

A un autre de ses généraux, cet instrument de la Providence, qui était, hélas! dit l'académicien Thiers, si sage, si bien pensant, quand il s'agissait de juger les passions des autres, écrit avec la modération d'un grand homme : « Je vous répète que mon intention est de *détruire les Arabes* que vous avez attaqués. Faites-moi connaître les forces dont vous aurez besoin pour les attaquer avec succès, *en tuer une partie* et prendre des otages, afin de s'assurer de leur fidélité. »

A un troisième général, le guerrier invincible et sage, en qui s'est résumée la Révolution française, selon l'académicien Thiers, et dont le début a été parfait et la fin héroïque, écrit avec le laconisme qui convient à un homme de génie, ces mots significatifs : « *Donnez la chasse à ces brigands !* »

Dans son *Voyage aux sources du Nil*, Jacques Bruce dit : « Il n'y a peut-être pas au monde des hommes aussi brutaux, aussi injustes, aussi tyranniques, aussi oppressifs, aussi avares que la race infernale qui tient en ses mains le gouvernement du Caire. » — Qu'aurait dit le célèbre voyageur écossais, s'il eût trouvé ce gouvernement entre les mains de Bonaparte ?

Ce guerrier éblouissant, que l'académicien Thiers, en historien sincère, aimant son pays plus que chose au monde, mais pas jusqu'à lui sacrifier la vérité, a proclamé le plus grand homme des temps modernes et le moins cruel des généraux, ce guerrier éblouissant, disons-nous, écrit encore à l'un de ses lieutenants, à la date du 24 septembre 1798 :

« J'imagine, citoyen général, que vous aurez donné *une leçon sévère* au gros village de Myt-El-Kouli. Mon intention est qu'on fasse tout ce qui est nécessaire pour être souverainement maître du lac de Menzaleh. *Il faut des exemples sévères;* et, comme votre division ne peut pas être destinée à rester dans les provinces de Damiette et de Mansourah, il faut profiter du moment pour les soumettre entièrement, et pour cela, il faut le désarmement, *des têtes coupées* et des otages. »

Pour compléter ces mesures civilisatrices, le héros prend, à la date du 25 septembre 1798, l'arrêté ci-après :

« BONAPARTE, général en chef, vu les intelli-
« gences que la femme d'Osman-Bey a continué
« d'avoir avec le camp de Mourad-Bey, et vu
« aussi l'argent qu'elle y a fait et voulait encore
« y faire passer, ORDONNE que la femme d'Osman-
« Bey restera en prison jusqu'à ce qu'elle ait
« versé dans la caisse du payeur de l'armée
« 10,000 talari. »

Puis, le guerrier invincible et sage, qui a été, affirme l'académicien Thiers, le sauveur de la société, le restaurateur des autels, l'auteur de notre grandeur nationale et l'un des plus grands génies de l'humanité, écrit au général Dupuy, commandant la place du Caire:

« Faites couper la tête aux deux espions, et faites-les promener dans la ville avec un écriteau pour faire connaître que ce sont des espions du pays. »

Et cependant, qui le croirait ? ce sont ces actes d'une monstrueuse barbarie qui, d'après l'historien-académicien Thiers, excitaient l'admiration des Arabes !

Forcés de reconnaître que la plus humiliante de toutes les dominations est celle de l'étranger, les Arabes, répétons-le, étaient frappés du caractère du jeune conquérant. « Ils ne comprenaient pas, assure l'historien Thiers, qu'un mortel (Bonaparte), qui lançait la foudre, fût *aussi clément !* Ils l'appelaient le digne enfant du Prophète, le favori du grand Allah ! »

A-t-on jamais poussé le burlesque à ce point ? a-t-on jamais travesti les choses les plus sérieuses en plaisanteries plus bouffonnes ? Est-il possible, en un mot, de pousser plus loin la dérision, le scandale et l'impudence ?

Sait-on quelle était la législation sur les actes que le favori du grand Allah punissait d'une manière aussi barbare ?

D'après un décret de 1793, les espions devaient être mis en jugement par devant des commissions militaires. Le code pénal de l'an V, celui-là même que le jeune conquérant aurait dû appliquer, assimile l'espionnage à l'embauchage et veut que les individus prévenus de ces crimes soient livrés aux conseils permanents.

Mais à quoi bon raisonner ? peut-on citer les lois à un homme qui a les armes à la main ? Au surplus, est-ce que pour un sage, un victorieux, sachant se rendre justice et la rendre aux autres, il peut exister des lois?

On a dit : l'exécution des lois est une dette et une justice, c'est l'autorité de la loi qui assure la liberté générale ; c'est la loi qui détruit l'empire de la force, c'est elle qui protège tous les droits: sans respect des lois, il ne peut exister de liberté pour les personnes ni de sûreté pour les biens. « N'avoir pas la propriété de ses biens, dit Mirabeau, c'est être esclave ; n'avoir pas la liberté de sa personne, c'est le plus grand esclavage que les lois civiles connaissent. Ce degré de dégradation de l'humanité suppose le plus grand despotisme. »

Et le héros du Nil nous dit: « Dès que j'ai eu le commandement, je n'ai plus reconnu ni maîtres ni lois ! »

Malheureuse France ! voilà pourtant l'homme qui t'a gouvernée et qui a eu la prétention d'inspirer encore des regrets ! « Mais, déclare l'historien qui a ignoré que la droiture est dignité, que l'oppression seule est bassesse, et la justice honneur, mais cet homme était un homme de génie, comme Alexandre et César, et la fortune pardonne beaucoup et longtemps au génie. »

Il ne faut donc pas, bien que les devoirs de tous consistent dans l'accomplissement de la loi, et qu'il n'y ait point de liberté partout où, par de fausses subtilités ou la violence, les grands hommes peuvent s'élever au-dessus des lois, il ne faut donc pas rabaisser le héros du Nil, car ce serait abaisser la nature humaine que d'abaisser cet homme de génie, et il faut encore moins l'outrager : « l'outrager ? lui, le sage, le victorieux, s'écrie l'académicien Thiers (t. XVII, p. 846), quel crime irrémissible ! »

Que pourrait-on d'ailleurs reprocher au génie social qui n'a reconnu ni maîtres ni lois ? Né pour gouverner, prétend l'historien Thiers, admirable de désintéressement, ayant en horreur l'effusion du sang humain, grand écrivain, parce qu'il était grand esprit, orateur inspiré dans ses proclamations, chantre de ses propres exploits dans ses bulletins, cet homme prodigieux, qui était à la fois grand administrateur et grand législateur, réunissait toutes les qualités humaines qui constituent l'homme de bien, l'homme d'honneur, c'est-à-dire la perfection : cet homme n'est-il pas irréprochable ?

S'il pouvait exister encore de nos jours un homme, même dépravé par l'exil ou aigri par l'injustice et la persécution, pour douter de la perfection physique, morale et intellectuelle du plus grand homme des temps modernes, il nous suffirait de citer la lettre ci-après, datée du Caire, le 23 octobre 1798, qui prouve bien que le favori du grand Allah et le restaurateur du trône et des autels « avait une sorte de faiblesse, comme le fait remarquer l'académicien Thiers (t. VII, p. 149), à sévir autrement qu'en paroles véhémentes » :

« Nous avons eu hier et avant-hier, écrivait-il le lendemain de la révolte du Caire, beaucoup de tapage ici ; mais tout est aujourd'hui tranquille. Le général Dupuy a été tué dans la rue au premier moment de la révolte ; Sulkowski a été tué hier matin. *J'ai été obligé de faire tirer des bombes et des obus sur la grande mosquée* pour soumettre un quartier qui s'était barricadé : cela a fait un effet considérable. Plus de quinze obus sont entrés dans la mosquée. Nous avons eu en différents points quarante à cinquante hommes de tués. La ville a eu une bonne leçon, dont elle se souviendra longtemps, je crois. »

Le même jour, il écrit au général Berthier : « Vous voudrez bien, citoyen général, donner l'ordre au commandant de la place, de faire *couper le cou* à tous les prisonniers qui ont été pris les armes à la main. Ils seront conduits cette nuit au bord du Nil, entre Boulâq et le Vieux-Caire ; *leurs cadavres sans tête seront jetés dans la rivière.* »

Quatre jours après, le jeune conquérant, qui ne parlait de l'effusion du sang humain qu'avec horreur et qui a été le moins cruel des généraux, écrivait encore :

1° Au général Lanusse :

« Je vous fais mon compliment, citoyen général, sur la mort d'Abou-Cha'yr ; c'est une véritable victoire de nous avoir défaits de ce brigand..... Tâchez de saisir les chefs et faites-leur couper le cou. »

2° Au général Desaix :

« Nous faisons tous les jours couper quelques têtes. »

3° Au général Reynier :

« Toutes les nuits nous faisons couper une trentaine de têtes et beaucoup de celles des chefs : cela, je crois, leur servira d'une bonne leçon. »

Puis, le héros du Nil, qui faisait couper une trentaine de têtes toutes les nuits, donne au général Reynier les instructions suivantes :

« La meilleure manière de punir les villages qui se sont révoltés, c'est de prendre le cheik El-Beled et de lui faire *couper le cou*, car c'est de lui que tout dépend. »

En face de tant d'exécutions, qui annoncent, dans leur ordonnateur, le plus parfait des hommes, c'est-à-dire, suivant les propres termes de l'académicien Thiers (t. VII, p. 131), « un homme de guerre illustre » ; et, il faut le répéter, une sorte de faiblesse à sévir autrement qu'en paroles véhémentes, comment ne reconnaîtrait-on pas que l'histoire de la Révolution, du Consulat et de l'Empire, par le héros de la rue Transnonain, est empreinte du sentiment profond de la justice et de la vérité? Comment ne dirait-on pas, avec le bon La Fontaine :

> Quand l'absurde est outré, l'on lui fait trop d'honneur
> De vouloir par raison combattre son erreur :
> Enchérir est plus court, sans s'échauffer la bile.

Nous convenons donc, avec le héros de la rue Transnonain, qu'aucun mortel dans l'histoire n'a réuni des facultés plus puissantes et plus diverses que le coupeur de têtes du Caire, que le guerrier illustre qu'on ne peut outrager sans commettre un crime irrémissible, bien qu'il ait été séparé de toute la terre et traité par toutes les puissances comme le fléau du genre humain.

XVI

MISSION PROVIDENTIELLE

Nous savons fort bien que, quand on a les armes à la main et la perspective d'avoir un historien de la taille de l'académicien Thiers, on songe peu qu'il y a des lois. Et, d'ailleurs, un instrument de la Providence n'est-il pas le représentant naturel et légitime de la loi ?

Il a pour lui le prestige du guerrier éblouissant, une prodigieuse sagacité, l'art de pénétrer dans les profondeurs de l'âme humaine, une sorte de perspicacité diabolique à laquelle, d'après l'académicien Thiers (t. XVII, p. 102), rien ne peut échapper ; et, par-dessus tout, l'assurance de l'impunité. Que lui faut-il de plus ?

Il peut donc suivre les inspirations de son « imagination grandiose » (Thiers, t. XIII, p. 178) ou plutôt de son délire, certain que, tant qu'il vivra, personne n'osera lui demander compte de ses actions.

En conséquence, sachant que l'objet principal de la conquête est de s'emparer des produits du travail du peuple vaincu, et de se dispenser soi-même de toute occupation laborieuse, l'homme providentiel règle, comme il suit, le mode de perception des contributions :

« Si la contribution ne rentre pas, écrit l'envoyé de la Providence à un général renégat, faites parcourir, citoyen général, une colonne mobile dans toute la province de Rosette, village par village, avec l'intendant, l'agent français et un officier intelligent. A mesure qu'ils passeront dans un village, ils exigeront les chevaux et la contribution ; vous verrez qu'elle rentrera très promptement. »

De son côté, le citoyen Poussielgue, administrateur général des domaines et des finances, reçoit du héros du Nil à la mission providentielle, deux billets ainsi conçus :

Premier billet. « Vu les pertes que nous avons éprouvées sur les diamants, la femme de Mourad-Bey sera tenue de verser dans la caisse du payeur huit mille talari dans l'espace de cinq jours. »

Deuxième billet. « Vous voudrez bien ordonner sur-le-champ au citoyen Marco-Calavagi, de verser dans la caisse du payeur la valeur de deux mille moutons et de cinquante chameaux, que le général Murat avait pris aux Arabes et qu'il a fait restituer en disant que c'était mon intention. »

A la date du 26 octobre 1798, Bonaparte écrit

au citoyen Poussielgue : « Il est nécessaire que vous donniez les ordres les plus stricts pour qu'on ne marque pas les maisons du peuple ni des pauvres ; *il ne faut marquer que celles des riches.* »

Dans une autre lettre adressée au citoyen Poussielgue, Bonaparte lui dit : « Il est indispensable, citoyen, de faire de l'argent le plus promptement possible, afin de subvenir à la solde de la 3ᵉ décade de vendémiaire :

« 1° Faites verser dans la caisse du payeur le reste de la valeur du coton ;

« 2° Faites vendre, en argent comptant, l'encens, la mousseline, les dents d'éléphants, qui ont été trouvés dans la maison qu'on a dernièrement inventoriée ;

« 3° Faites vendre le café provenant des négociants qui avaient des intérêts aux beys.

« Enfin, voyez de presser la rentrée des contributions que l'on doit encore. »

Toujours préoccupé du besoin de faire de l'argent, Bonaparte écrit, le 28 octobre 1798, au général Berthier : « Il doit être arrivé, de Menouf, deux frères d'Abou-Cha'yr, avec trois nègres et trois négresses. *Faites interroger ces personnes séparément pour connaître où sont cachés les trésors d'Abou-Cha'yr.* »

Toutes ces ressources étant insuffisantes, le héros du Nil prescrit les mesures suivantes, le 3 novembre 1798 :

« Article 1ᵉʳ. Les nommés :

Cheik Ismaïl el-Berâouy,
Cheik Jusuf el-Mousâlhy,
Cheik Abd-el-Ouâhab-el-Chebrouy,
Cheik Soliman el-Giousaky,
Cheik Ahmed el-Cherqâouy,
Cheik El-Seïd Abd-el-Kerym,
} aujourd'hui détenus à la citadelle ou chez le cheik El-Bekry,

Cheik El-Bedr-el-Kodsy.
.... } contumax,

étant reconnus comme les auteurs de la révolte qui a eu lieu au Caire, le 30 vendémiaire, sont condamnés à mort.

« Art. 2. — Leurs biens, meubles et immeubles seront confisqués au profit de la République. »

Le même jour, il est ordonné au général Lannes, envoyé à El-Qatâh pour propager les idées de la Révolution avec une colonne mobile et quelques pièces d'artillerie, « de se rendre avec son détachement à El-Negyleh, de dissiper les attroupements, d'arrêter le cheik-el-beled, de prendre les principaux en otage, en faisant connaître au village que la première fois qu'une barque sera insultée, on brûlera le village et on coupera le cou aux otages. »

Une mission à peu près semblable est donnée au général Leclerc : « Commencez, lui écrit Bonaparte, par faire payer les villages qui se sont révoltés du côté de Mansourah ; rendez-vous-y avec vos forces ; faites-leur payer sur-le-champ le myry, une contribution en chevaux ; désarmezles, prenez des otages, et, s'ils se conduisent mal à votre approche, faites couper les têtes des cheiks-el-beled. »

A la date du 16 novembre 1798, le héros du Nil porte à la connaissance du Directoire exécutif les faits de guerre ci-après :

« Les Arabes du désert de la Libye harcelaient la garnison d'Alexandrie. Le général Kléber leur fit tendre une embuscade ; le chef d'escadron Rabasse, à la tête de 50 hommes du 14ᵉ de dragons, les surprit, le 5 thermidor, et leur tua 43 hommes.

« Le chef de brigade Barthélemy, à la tête de 600 hommes de la 69ᵉ, cerna le village de Birk et Gheytâs, la nuit du 27 fructidor, tua plus de 200 hommes, pilla et brûla le village.

« Le général Lanusse, instruit que le célèbre Abou-Cha'yr, un des principaux brigands du Delta, était à Karf-el-Cha'yr, l'a surpris la nuit du 29 vendémiaire, a cerné sa maison, l'a tué, lui a pris trois pièces de canon, quarante fusils, cinquante chevaux et beaucoup de subsistances.

« Le général Desaix se porta, le 19 brumaire, au village de Kerànyeh, qui était soutenu par 200 Mameluks. Une compagnie de grenadiers les mit en déroute. Le village a été pris, pillé et brûlé ; l'ennemi a perdu quinze ou seize hommes. »

Le 13 décembre suivant, il écrit au général Leclerc : « Je vous préviens, citoyen général, que j'ai fait arrêter Cheraïbi ; si vous êtes encore à Nây, vous vous rendrez à Qelyoub pour mettre le scellé sur tous ses biens. Vous écrirez au divan de la province et aux cheiks des Arabes que Cheraïbi a été arrêté parce qu'il m'a trahi, parce qu'il a, malgré ses serments de fidélité, correspondu avec les Mameluks, et, le jour de la révolte du Caire, appelé les habitants des différents villages qui environnent cette ville à se joindre aux révoltés ; qu'ils doivent d'autant plus sentir la justice de l'arrestation de Cheraïbi, qu'ils ont été témoins de ses crimes et que je l'avais comblé de bienfaits. »

Apprenant au même instant qu'une tribu d'Arabes insoumis, voisine du Caire, avait surpris et égorgé quelques-uns de ces soldats-pêcheurs de Mameluks, qui « ne savaient, d'après l'académicien Thiers (t. VIII, p. 322), que se dévouer et mourir pour l'existence ou la grandeur de la France », — le jeune conquérant, en « maître toujours juste par génie, quand il n'était pas injuste par colère ou par calcul » (Thiers, t. XV, p. 162), — le jeune conquérant ordonne à son aide de camp Croisier de se porter sur les lieux avec quelque troupe, de cerner la tribu, de détruire de fond en comble ses misérables huttes, de *tuer tous les hommes* et de conduire au Caire le reste de la population.

En outre, le moins cruel des généraux passés,

présents et à venir, ordonne à ce même aide de camp « *de couper la tête aux hommes, de mettre ces têtes dans des sacs et de venir les montrer aux habitants du Caire.* » Eugène de Beauharnais, depuis vice-roi d'Italie et oncle de Napoléon III, accompagne l'aide de camp Croisier dans cette glorieuse expédition, que l'académicien Thiers a omise dans sa petite histoire de la Révolution, du Consulat et de l'Empire, en trente volumes in-8° de 600 à 900 pages.

Le lendemain, la troupe de l'aide de camp Croisier et d'Eugène de Beauharnais, composée de soldats-pêcheurs et d'anciens « maraudeurs intelligents, dit l'historien Thiers, et rarement cruels », est de retour au Caire... Ici, nous laissons la parole à un témoin oculaire :

« Beaucoup de femmes arabes, dit-il, accou-
« chèrent dans le chemin ; des enfants périrent
« de faim, de chaleur et de fatigue, et, sur les
« quatre heures, arrivèrent, sur la place, des
« ânes chargés de sacs. Ces sacs furent ouverts
« en public et LES TÊTES ROULÈRENT DEVANT LA
« POPULACE ACCOURUE EN FOULE ! »

En présence d'attentats aussi inouïs, aussi monstrueux, on se demande si la loi militaire de ces temps affreux autorisait de pareilles atrocités ? Et on y lit avec étonnement :

Tout militaire ou autre individu attaché à l'armée et à la suite, convaincu d'avoir attenté à la vie de l'habitant non armé, à celle de sa femme ou de ses enfants, en quelque pays et lieu que ce soit, sera puni de mort.

Et c'est l'infracteur de cette loi, c'est le guerrier éblouissant qu'on ne peut outrager, selon l'historien Thiers, sans commettre un crime irrémissible, qui ordonnait, qui présidait à ces atrocités !

L'humanité se révolte devant tant d'horreurs, et l'on ne peut s'empêcher de déplorer le fanatisme de cet homme, chez qui tout sentiment était éteint et qui osait se dire l'envoyé de Dieu ! Quelle profanation !!!

« Dieu m'a ordonné, s'écrie le héros du Nil, dans une proclamation aux habitants du Caire, datée du 21 décembre 1798, Dieu m'a ordonné d'être clément et miséricordieux pour le peuple : *j'ai été clément et miséricordieux envers vous!* »

Et cet esprit libre et indépendant, que l'académicien Thiers nous signale comme méprisant tous les fanatismes qui restreignent l'intelligence humaine, mais qui, comme tous les hommes qui veulent organiser un monde à leur guise, ne connaissait pas les premiers éléments de celui qui existe, cet esprit indépendant ajoute, avec une impudence révoltante, dans cette même proclamation :

« Chérifs, ulémas, orateurs de mosquées, faites bien connaître au peuple que ceux qui, de gaieté de cœur, se déclareraient mes ennemis, n'auraient de refuge ni dans ce monde ni dans l'autre.

« Y aurait-il un homme assez aveugle pour ne pas voir que le destin lui-même dirige toutes mes opérations?

« Y aurait-il quelqu'un assez ridicule pour révoquer en doute que tout, dans ce vaste univers, est soumis à l'empire du destin?

« Faites connaître au peuple que, depuis que le monde est monde, il est écrit qu'après avoir détruit les ennemis de l'islamisme, fait abattre la croix, je viendrais du fond de l'Occident remplir la tâche qui m'a été imposée.

« Faites voir au peuple que, dans le saint livre du Coran, dans plus de vingt passages, ce qui arrive a été prévu, et que ce qui arrivera est également expliqué.

« Que ceux donc que la crainte seule de nos armes empêche de nous maudire, changent; car, en faisant au ciel des vœux contre nous, ils sollicitent leur condamnation; que les vrais croyants fassent des vœux pour la prospérité de nos armes. »

Joignant la charlatanerie et la sottise à l'orgueil, c'est-à-dire l'ignorance la plus complète à la présomption la plus ridicule, cet « esprit libre et indépendant, qui méprisait tous les fanatismes qui restreignent l'intelligence humaine », et qui ne se doutait pas que le bon sens quitte toujours les hommes qui s'enivrent d'eux-mêmes et de leurs idées, termine en ces termes sa proclamation aux habitants du Caire, grâce à cette sagacité prodigieuse, perçante comme son regard et qui semblait pénétrer jusqu'au fond des âmes, suivant les propres expressions de l'académicien Thiers (t. XIII, p. 40) :

« Je pourrais, ose-t-il écrire, demander compte
« à chacun de vous des sentiments les plus se-
« crets du cœur ; car JE SAIS TOUT, même ce que
« vous n'avez dit à personne ; mais un jour vien-
« dra que tout le monde verra avec évidence que
« je suis conduit par des ordres supérieurs, et que
« tous les efforts humains ne peuvent rien contre
« moi. Heureux ceux qui, de bonne foi, sont les
« premiers à se mettre avec moi ! »

JE SAIS TOUT !... Est-ce assez se jouer de Dieu et de la crédulité des hommes ? les a-t-on jamais vus plus la proie du délire impie et du malheur ? Non, l'impudence et la scélératesse ne sont pas à leur comble.

Quittant ses illusions grotesques et délirantes, le destructeur des ennemis de l'islamisme, l'abatteur de la croix, qui n'est pas moins, aux yeux de l'académicien Thiers, le restaurateur des autels et l'auteur de notre grandeur nationale, écrit à son futur beau-frère, le général Murat :

« Vous combinerez votre marche, de manière à

vous reposer pendant la nuit à deux ou trois lieues des Arabes, et pouvoir, à la pointe du jour, tomber sur leur camp, prendre tous leurs chameaux, bestiaux, femmes, enfants, vieillards. Vous TUEREZ TOUS LES HOMMES QUE VOUS NE POURREZ PAS PRENDRE. »

Un autre exécuteur des volontés du conquérant moderne, le futur duc de Raguse, reçoit l'ordre suivant, émanant du guerrier invincible et sage qui ne combattait que pour obtenir une paix glorieuse et durable :

« Faites faire tous les cinq jours une visite des hôpitaux par un officier supérieur de ronde, qui prendra toutes les précautions nécessaires à cet effet, qui visitera tous les malades et *fera fusiller sur-le-champ*, dans la cour de l'hôpital, les infirmiers ou employés qui auraient refusé de fournir aux malades tous les secours et vivres dont ils ont besoin. »

Ainsi, un moment d'oubli, de dégoût, de découragement, les exigences capricieuses d'un malade, la colère ou le délire d'un autre, suffisaient pour faire fusiller des hommes !

Serait-ce cet ordre qui a fait dire au général comte de Montholon, que tout montrait dans le grand homme le plus doux et le meilleur des hommes ?

Serait-ce cet ordre de *fusiller sur-le-champ*, dans une cour d'hôpital, les infirmiers ou employés qui auraient refusé de fournir aux malades tous les secours nécessaires, qui a suggéré à l'historien Norvins l'excellente remarque que le héros du Nil ne savait que juger et ne pouvait pas punir ? (1).

Serait-ce encore cet ordre du conquérant moderne au futur duc de Raguse, qui a suggéré à l'académicien Thiers l'idée de se déclarer un historien admirateur ardent du « réparateur de toutes les fautes de la Révolution française, de l'homme d'État sage et humain qui faisait entendre les rugissements du lion ? »

Que le général comte de Montholon, qui a été couché sur le testament du coupeur de têtes du Caire pour la bagatelle de DEUX MILLIONS DE FRANCS, trouve dans ce grand homme d'État le meilleur et le plus doux des hommes, on le comprend, il a été payé pour cela : l'imposture à gages a toujours été aux ordres des scélérats puissants ; mais que le forçat du bagne de Sainte-Hélène ait trouvé des panégyristes après sa mort, après que la nature eut trop tard vengé les hommes, c'est ce que ne pourrait soupçonner une âme généreuse, si le livre de l'académicien Thiers et celui de

---

(1) Mme de Rémusat prétend, au contraire, que « Bonaparte savait punir jusqu'aux intentions » (t. I, p. 385). Après l'arrestation de Moreau, Bonaparte dit : « Moi seul, je suis fait pour gouverner, décider et punir. » (*Mémoires de Mme de Rémusat*, t. I, p. 306.)

l'historien Duruy ne consacraient cette vérité fatale.

En d'autres termes, que le général comte de Montholon ait trouvé dans un scélérat le meilleur des hommes, cela ne nous étonne pas ; mais que l'académicien Thiers se soit déclaré l'admirateur ardent d'un homme qui n'a absolument rien de grand, rien d'honorable dans sa vie, cela serait incompréhensible, si l'on ne savait pas que le héros de la rue Transnonain a été, comme écrivain et comme homme politique, un être entièrement dépourvu de principes, de discernement, de sens moral et de bonne foi.

Le conquérant moderne, si digne de l'admiration de l'académicien Thiers, et si sage, si bien pensant, quand il s'agissait de juger les passions des autres, mais qui ne pouvait pas punir, ne sachant que juger, n'écrit pas moins, quoique le plus doux et le meilleur des hommes, les lettres ci-après :

1° Au général Lanusse, qui, depuis six mois, guerroie avec une ardeur infatigable : « Je désire, citoyen général, que vous fassiez arrêter le fils d'Abou-Cha'yr, et que vous l'envoyiez sous bonne escorte à la citadelle du Caire : *c'est un otage qu'il est bon d'avoir. Ses biens seront confisqués au profit de la République.* »

2° Au général Marmont, gouverneur d'Alexandrie:« Je ne conçois pas, citoyen général, comment les consuls étrangers ont pu recevoir une lettre de l'amiral anglais sans que vous en soyez instruit, et je conçois encore moins comment, l'ayant reçue, ils l'aient publiée sans votre permission. Faites-vous rendre compte par les consuls qui leur a remis cette lettre, et faites-leur connaître que si, à l'avenir, ils ne vous remettaient pas toutes cachetées les lettres qu'ils recevraient, *vous les feriez fusiller.* »

3° Au général Leclerc : « Le général Verdier me marque qu'il a donné de nouveau la chasse aux Arabes de Derne. Ils n'ont donc pas passé le Delta ? Voyez à savoir où ils sont, et à leur faire beaucoup de mal, si vous le pouvez. Des chevaux et de l'argent. »

4° Enfin, au général Verdier, qui ne savait qu'obéir, le héros du Nil lui écrit :

« Le cheik du village de Myt-Ma'Sarah est extrêmement coupable, vous le manderez et le menacerez de lui faire donner des *coups de bâton*, s'il ne vous désigne pas l'endroit où il y aurait d'autres Mameluks et d'autres pièces qu'ils auraient cachés.

« Vous vous ferez donner tous les renseignements que vous pourrez sur les bestiaux appartenant aux Arabes de Derne, qui pourraient être dans son village : après quoi vous lui ferez *couper la tête*, et la ferez exposer avec une inscription qui désignera que c'est pour avoir caché des canons.

« Vous ferez également *couper la tête* aux Mameluks, et vous enverrez à Gyzeh les trois pièces de canon que vous avez trouvées dans ce village. »

Deux jours après, c'est-à-dire le 20 janvier 1799, Bonaparte donne l'ordre au général Murat de partir, trois heures avant le jour, avec 120 hommes de cavalerie et 100 hommes de la 69e, pour se rendre à Qelyoub, tomber sur le camp des Arabes Haouytàt, enlever les chameaux, femmes, enfants, vieillards, les amener au Caire, et tuer tout ce qu'il ne pourra pas prendre. « Il obligera, ajoute Bonaparte, tous les villages qui auraient des bestiaux à ces Arabes de les livrer ; il se fera désigner les deux villages qui appartiennent au cheik des Hauoytàt ; il prendra tous les bestiaux, brûlera la maison du cheik des Haouytàt, et lui fera tout le mal possible ; il préviendra le cheik-el-beled qu'il doit verser le myry dans la caisse de sa province. »

A l'aide de camp Lambert, il est prescrit de partir avec 75 cavaliers, ayant huit jours de vivres, pour entrer dans le désert :

« Dans toutes ses marches, lui recommande Bonaparte, il se fera éclairer sur la droite et sur la gauche à deux lieues de distance, afin de pouvoir découvrir les convois de chameaux, qui sont très-fréquents sur cette route. Il enlèvera tous les chameaux ou les Arabes qu'il rencontrera à trois lieues dans le désert ou dans l'Ouâdy. Il y a à Qantarah une petite partie de la tribu des Haouytât avec leur chef ; il combinera ses mouvements de manière à pouvoir les surprendre, afin de les prendre avec leurs bagages et leurs troupeaux. »

A la suite de si grands exploits ; après tant d'actions glorieuses, le conquérant moderne, qui « nous a laissé avec la gloire la semence des héros » de Sedan, distribue ses conquêtes entre ses lieutenants, ne se réservant, comme Alexandre-le-Grand, que l'espérance.

« Le chef de l'état-major général, ordonne Bonaparte, fera connaître aux généraux Dommartin, Lannes et Murat, que ces biens leur sont donnés en gratification extraordinaire pour les services qu'ils ont rendus dans la campagne et pour les dépenses qu'elle leur a occasionnées. »

Ayant fait la part des officiers avec « son bon sens, seule conscience des conquérants », le héros du Nil prescrit de faire celle des sous-officiers et soldats :

« Ne tenez, écrit-il le 28 janvier 1799 au général français gouverneur d'Alexandrie, ne tenez que peu de monde dans la ville ; et, comme c'est le poste le plus dangereux, n'y tenez point de troupe d'élite. Quant à la malheureuse demi-brigade d'infanterie légère, faites-la mettre nue comme la main ; faites-lui prendre un bon bain de mer ; qu'elle se tienne propre. Qu'il n'y ait plus de parade ; qu'on ne monte plus de garde que chacun dans son camp. Faites faire une grande fosse de chaux vive pour y jeter les morts. »

Telle a été la part des soldats-pêcheurs de Mameluks dans cette merveilleuse conquête d'Egypte : le guerrier invincible et sage, qui ne combattait que pour obtenir, dit l'académicien Thiers, une paix glorieuse et durable, pouvait-il leur accorder une part plus propre à assurer une paix plus durable que celle des tombeaux, et répondant mieux à sa mission providentielle ?

Quatre-vingt-deux ans après ces six premiers mois d'occupation de l'Egypte, on n'écrira pas moins dans notre trop crédule France :

« Pendant six mois au moins, Bonaparte, tenant l'Egypte par ses admirables lieutenants, Kléber au nord et Desaix au midi, au centre avec Caffarelli et l'Institut d'Egypte, étonnant tous par sa sagesse, paraissait aux Egyptiens un Pharaon, aux Musulmans un autre Salomon, ou un descendant du Prophète. Tous s'inclinaient et n'étaient pas loin de le croire, quand il disait : Ne savez-vous pas que je vois les plus secrètes pensées ?... Nous l'admirons dans cette année d'Egypte. »

Quant à nous, nous protesterions contre cette admiration, si nous ne savions pas que l'admiration est fille de l'ignorance.

XVII

MASSACRE DES PRISONNIERS DE JAFFA.

La ville du Caire n'offrant pas un assez vaste champ à son imagination grandiose, le nouveau Salomon se dirige sur la Syrie, avec environ douze mille hommes, laissant au général Dugua le commandement de la province du Caire.

Trois jours de marche lui suffisent pour se rendre du Caire à Qatyeh, d'où il écrit le 14 février 1799 :

« On a envoyé hier quarante chameaux à Tyneh: je les attends ce matin, et je ne partirai moi-même que lorsque je les aurai vus filer sur El-A'rych. »

Par un effort prodigieux, le héros enlève le fort d'El-A'rych. Il s'empare de trois cents beaux chevaux, de beaucoup de riz, de biscuit et de trois à quatre cents Moghrebins, qu'il incorpore dans son armée et dont il fait un corps particulier. Son avant-garde s'égare dans le désert et souffre beaucoup du manque d'eau et de vivres. « Nous manquâmes de vivres, écrit l'envoyé de la Providence; nous fûmes obligés de manger des chiens, des ânes et des chameaux. » (1)

A Khân-Younès, le héros du Nil publie, le 24 février 1799, la proclamation suivante :

« *Aux cheik et ulémas de Gaza.*

« Arrivé à Khân-Younès avec mon armée, j'apprends qu'une partie des habitants de Gaza a eu peur et a évacué la ville. Je vous écris la présente pour qu'elle vous serve de sauve-garde, et pour faire connaître que je suis ami du peuple, protecteur des ulémas et des fidèles. Si je viens avec mon armée à Gaza, c'est pour en chasser les troupes de Djezzar et le punir d'avoir fait une invasion en Egypte. Envoyez donc au-devant de moi des députés, et soyez sans inquiétude pour la religion, pour votre vie, vos propriétés et vos femmes. »

Le jour suivant, cet ami du peuple et protecteur des Musulmans marche sur Gaza. Les Arabes qui s'étaient portés à sa rencontre sont dipersés par la cavalerie de Murat et les troupes de Lannes, laissant quelques morts; et le conquérant moderne entre à Gaza, où il trouve

---

(1) En se rappelant ce temps, Bonaparte ne disait pas moins en France : « Ce temps que j'ai passé en Egypte « a été le plus beau de ma vie ; car il en a été le plus « idéal. » (*Mémoires de M*^{me} *de Rémusat*, t. I, p. 274.)

30 à 40 milliers de poudre, beaucoup de munitions de guerre, des bombes, des outils, plus de deux cent mille rations de biscuit et six pièces de canon.

Quatre jours après, le héros du Nil couche à Ramleh, que l'ennemi avait évacué avec précipitation, laissant cent mille rations de biscuit, beaucoup plus d'orge et quinze cents outres, que Djezzar avait préparées pour passer le désert.

Enfin, le guerrier éblouissant, qui ne combattait que pour obtenir une paix glorieuse et durable, met le siège devant Jaffa, espèce de bicoque, qui est prise d'assaut et livrée au pillage, qui fut horrible.

Quatre mille hommes de la garnison de Jaffa s'étaient retirés dans de vastes bâtiments entourés de constructions. Aux sommations de deux aides de camp du héros du Nil, ils crièrent des fenêtres qu'ils voulaient bien se rendre, si on voulait leur assurer la vie sauve et les soustraire au massacre auquel la ville était condamnée ; sinon, ils menaçaient de faire feu sur les aides de camp, et déclarèrent qu'ils se défendraient jusqu'à la dernière extrémité.

Les deux officiers français crurent devoir accéder à leur demande et les firent prisonniers. Ils les amenèrent au camp du guerrier illustre qui a été un homme d'Etat sage et humain. On fit asseoir ces prisonniers pêle-mêle en avant des tentes. Une corde leur attachait les mains derrière le dos. Une sombre fureur était peinte sur leurs figures. On tint conseil dans la tente du guerrier éblouissant : après trois jours de délibération, *on résolut de les fusiller* ; l'ordre fut donné et exécuté le 10 mars 1799.

Le souvenir de cette épouvantable exécution, ordonnée par « le sage qui ne parlait de l'effusion du sang humain qu'avec horreur », faisait dire, trente ans après, à un témoin oculaire : « Cette scène atroce me fait encore frémir, lorsque j'y pense, comme le jour où je la vis, et j'aimerais mieux qu'il me fût possible de l'oublier que d'être forcé de la décrire. Tout ce qu'on peut se figurer d'affreux, dans un jour de sang, serait encore au-dessous de la réalité. »

Cependant, on pourra se faire une idée de cette affreuse réalité par le récit que Miot, autre témoin oculaire, a laissé de cette exécution épouvantable, dans l'édition de ses Mémoires de 1814, et que Chateaubriand, qui, n'en déplaise à l'historien Thiers, se souciait excessivement de la vérité, a reproduit dans les *Mémoires d'outre-tombe* (1) :

---

(1) Dans ses *Mémoires d'outre-tombe* (t. VI, p. 176) Chateaubriand dit : « Il y a des chances pour que M. Thiers devienne un grand ministre ou reste un brouillon. »

« Le 20 ventôse (10 mars 1799), dans l'après-midi, raconte Miot, les prisonniers de Jaffa furent mis en mouvement au milieu d'un vaste bataillon carré formé par les troupes du général Bon.

« Un bruit sourd du sort qu'on leur préparait me détermina, ainsi que beaucoup d'autres personnes, à monter à cheval et à suivre cette colonne silencieuse de victimes, pour m'assurer si ce qu'on m'avait dit était fondé.

« Les Turcs, marchand pêle-mêle, prévoyaient déjà leur destinée ; ils ne versaient point de larmes ; ils ne poussaient point de cris : ils étaient résignés.

C'est là sans doute la cause de cette assertion : « M. de Chateaubriand se soucie peu de la vérité », assertion qu'on lit au tome XVIII, p. 112, du livre de M. Thiers, et que rien ne justifie ni ne peut justifier.

« Comme pair de France, disait Chateaubriand, je dois dire la vérité à la France, et je la dirai ; comme ministre d'Etat, je dois dire la vérité au roi, et je la dirai. »

Dans la séance de la Chambre des pairs, du 2 mars 1818, il disait encore : « Un bon citoyen, fort de sa conscience, dit hautement ce qu'il croit utile de dire, sans être arrêté par des craintes personnelles. Plus la vérité est importante, moins il doit la déguiser ; ce n'est pas quand il y va du salut de l'Etat qu'il faut se montrer timide. »

Le 11 octobre 1826, Chateaubriand écrivait : « Tôt ou tard la vérité triomphe, et ceux qui lui faisaient obstacle sont renversés par le mépris public ou emportés par le cours du temps. »

Et c'est l'homme de génie qui parlait ainsi et dont les

Quelques-uns, blessés, ne pouvant suivre, *furent tués en route à coups de baïonnette*. Quelques autres circulaient dans la foule et semblaient donner des avis salutaires dans un danger aussi imminent. Peut-être les plus hardis pensaient-ils qu'il ne leur était pas impossible d'enfoncer le bataillon qui les enveloppait ; peut-être espéraient-ils qu'en se disséminant dans les champs qu'ils traversaient un certain nombre échapperait à la mort. Toutes les mesures avaient été prises à cet égard, et les Turcs ne firent aucune tentative d'évasion.

« Arrivés enfin dans les dunes de sable, au sud-ouest de Jaffa, on les arrêta auprès d'une mare

---

actes étaient conformes à ses paroles, que l'académicien Thiers ne craint pas d'accuser d'avoir méconnu la vérité, de s'en être peu soucié !

Sous la monarchie de Juillet, Chateaubriand écrivait encore : « Il n'est pas inutile aux hommes qu'un homme s'immole à sa conscience : il est bon que quelqu'un consente à se perdre, pour rester ferme à des principes dont il a la conviction, et qui tiennent à ce qu'il y a de noble dans la nature : ces dupes sont les contradicteurs nécessaires du fait brutal, les victimes chargées de prononcer le *veto* de l'opprimé contre le triomphe de la force. »

Tel a été jusqu'au dernier souffle de sa vie, le langage de Chateaubriand, qui aurait pu s'appliquer ce vers de Boileau :

La libre vérité fut toute mon étude.

Où donc l'académicien Thiers a-t-il vu que Chateaubriand se souciait peu de la vérité ?

d'eau jaunâtre. Alors l'officier qui commandait les troupes fit diviser la masse par petites portions, et ces pelotons, conduits sur plusieurs points différents, *y furent fusillés !*

« Cette horrible opération demanda beaucoup de temps, malgré le nombre de troupes réservées pour ce funeste sacrifice, et qui, je dois le déclarer, ne se prêtaient qu'avec une extrême répugnance au ministère abominable qu'on exigeait de leurs bras victorieux.

« Il y avait, près de la mare d'eau, un groupe de prisonniers, parmi lesquels étaient quelques vieux chefs au regard noble et assuré, et un jeune homme dont le moral était fort ébranlé. Dans un âge si tendre, il devait se croire innocent, et ce sentiment le porta à une action qui parut choquer ceux qui l'entouraient. Il se précipita dans les jambes du cheval que montait le chef des troupes françaises ; il embrassa les genoux de cet officier, en implorant la grâce de la vie. Il s'écriait : « De « quoi suis-je coupable? Quel mal ai-je fait ? » Les larmes qu'il versait, ses cris touchants furent inutiles ; ils ne purent changer le fatal arrêt prononcé sur son sort.

« A l'exception de ce jeune homme, tous les autres Turcs firent avec calme leur ablution dans l'eau stagnante dont j'ai parlé ; puis, se prenant la main, après l'avoir portée sur le cœur et à la bouche, ainsi que se saluent les Musulmans, ils donnaient et recevaient un éternel adieu. Leurs âmes courageuses paraissaient défier la mort ; on voyait dans leur tranquillité la confiance que leur inspiraient, à ces derniers moments, leur religion et l'espérance d'un avenir heureux. Ils semblaient se dire : « Je quitte ce monde pour aller « jouir auprès de Mahomet d'un bonheur durable. »

« Ainsi, ce bien-être après la vie, que lui promet le Coran, soutenait le Musulman vaincu, mais fier de son malheur.

« Je vis un vieillard respectable, poursuit Miot, dont le ton et les manières annonçaient un grade supérieur, je le vis faire creuser froidement devant lui, dans le sable mouvant, un trou assez profond pour s'y enterrer vivant : sans doute, il ne voulut mourir que par la main des siens. Il s'étendit sur le dos dans cette tombe tutélaire et douloureuse, et ses camarades, en adressant à Dieu des prières suppliantes, le couvrirent bientôt de sable et trépignèrent ensuite sur la terre qui lui servait de linceul, probablement dans l'idée d'avancer le terme de ses souffrances.

« Ce spectacle, qui fait palpiter mon cœur et que je peins encore trop faiblement, eut lieu pendant l'exécution des pelotons répartis dans les dunes.

« Enfin, il ne restait plus de tous les prisonniers que ceux placés près de la mare d'eau. Nos soldats avaient épuisé leurs cartouches ; il fallut frapper ceux-ci à la baïonnette et à l'arme blanche. Je ne pus soutenir cette horrible vue, je m'enfuis, pâle et prêt à défaillir. Quelques officiers me rapportèrent le soir que ces infortunés, cédant à ce mouvement irrésistible de la nature, qui nous fait éviter le trépas, même quand nous n'avons plus l'espérance de lui échapper, s'élançaient les uns sur les autres, et recevaient dans les membres les coups dirigés au cœur et qui devaient sur-le-champ terminer leur triste vie.

« Il se forma ainsi, puisqu'il faut le dire, une pyramide effroyable de morts et de mourants dégouttants de sang, et il fallut retirer les corps déjà expirés pour achever les malheureux qui, à l'abri de ce rempart affreux, épouvantable, n'avaient point encore été frappés.

« CE TABLEAU, CONCLUT MIOT, EST EXACT ET FIDÈLE, ET LE SOUVENIR DE CE MASSACRE FAIT TREMBLER MA MAIN QUI N'EN REND POINT TOUTE L'HORREUR. »

Un pareil récit ne devrait-il pas faire proscrire à jamais le nom infâme de Bonaparte, le nom du guerrier que l'académicien Thiers nous signale comme ayant été le moins cruel des généraux?

Non, l'exécration de tous les siècles ne peut venger, ne peut payer ces attentats odieux, inouïs, incroyables. Nous avons eu beau chercher, nous n'avons rien trouvé de plus monstrueux, de plus atroce dans la vie du féroce baron des

Adrets, d'infâme mémoire. Jamais la méchanceté, la férocité humaine ne s'est portée à des excès plus affreux. Il n'est pas d'expression, dans aucune langue, pour flétrir l'auteur de ces horreurs. C'est là une honte ineffaçable pour la mémoire du barbare que l'académicien Thiers appelle un homme d'Etat sage et humain, qu'on ne peut blâmer sans commettre un crime irrémissible !

XVIII

DROIT D'IMMOLER

Après l'horrible massacre des quatre mille prisonniers de Jaffa, voici le langage que le héros du Nil ne rougit pas d'adresser aux restes consternés du malheureux peuple de cette ville :

« Dieu est clément et miséricordieux !

« Il est bon que vous sachiez que tous les
« efforts humains sont inutiles contre moi, car
« tout ce que j'entreprends doit réussir.

« Ceux qui se déclarent mes amis prospèrent !

« Ceux qui se déclarent mes ennemis péris-
« sent !

« L'exemple de ce qui vient d'arriver à Jaffa
« et à Gaza doit vous faire connaître que je suis
« *terrible* pour mes ennemis, tandis que je suis
« *bon* pour mes amis et surtout clément et misé-
« ricordieux pour le pauvre peuple. »

Ce n'est pas *terrible* qu'il fallait dire, mais féroce et barbare. Quant à être *bon*, des milliers de faits démentent cette prétention : et le premier acte de l'homme d'Etat sage et humain, qui suivit la proclamation ci-dessus au pauvre peuple de Jaffa, en est une éloquente réfutation.

« La prise de Jaffa, écrit le héros du Nil au général Marmont, gouverneur d'Alexandrie, a été BRILLANTE : quatre mille hommes des meilleures troupes de Djezzar-Pacha et des meilleurs canonniers de Constantinople ont été passés au fil de l'épée... »

C'est-à-dire fusillés, massacrés, assassinés ! après capitulation proposée et acceptée par deux officiers français revêtus de la confiance du général en chef, *d'une part;*

Et après soumission conditionnelle, ferme et énergique, de braves et vaillants soldats défendant leur indépendance et leur territoire contre un conquérant sans modération et sans mesure, *d'autre part.*

Est-ce là une affaire BRILLANTE ? N'est-ce pas plutôt une infamie de cet « esprit rusé et peu scrupuleux dans le choix des moyens », qui « devinait tout, mais ne tenait compte de rien », et que l'historien Thiers « toujours soigneux de ne dire que la vérité », nous représente comme ne parlant de l'effusion du sang humain qu'avec horreur ?

Trois jours après, ce « génie prodigieux » et futur « monarque civilisateur, qui ne faisait rien d'inutile », annonce en ces termes, au Directoire exécutif, la prise de Jaffa :

« A cinq heures nous étions maîtres de la ville, qui, pendant vingt-quatre heures, fut livrée au pillage et à toutes les horreurs de la guerre, qui jamais ne m'a paru si hideuse. *Quatre mille hommes des troupes de Djezzar ont été passés au fil de l'épée ; il y avait huit cents canonniers. Une partie des habitants a été massacrée.* J'ai été clément envers les Egyptiens, autant que je l'ai été envers le peuple de Jaffa, mais sévère envers la garnison qui s'est laissé prendre les armes à la main. »

Sans doute, pour un soldat, pour un officier surtout, c'est un déshonneur de se rendre les armes à la main ; et c'est pour cela que les auteurs des capitulations de Sedan, de Metz et de Paris ne seront peut-être jamais assez sévèrement blâmés.

Mais un pareil blâme ne confère pas au vainqueur le droit d'immoler un ennemi qui se rend, comme la garnison de Jaffa, ou qui capitule comme l'homme de Sedan ou encore comme le trop coupable Bazaine, à Metz, bien que l'académicien Thiers ait écrit qu'« *il ne faut jamais excuser les capitulations.* »

Ce droit d'immoler appartient à la nation seule qui a armé le soldat pour la défense de la patrie, lorsque ce soldat n'a pas fait tout ce que l'honneur et le devoir lui prescrivaient, ou qu'il a livré lâchement ses armes ou le poste qui lui avait été confié : dans tous les autres cas, le droit d'immoler ses adversaires est formellement interdit.

« Quand l'ennemi vaincu ou désarmé, dit le *Droit des gens*, n'oppose plus aucune résistance, quand il se remet à la discrétion et à la miséricorde du vainqueur, il ne doit plus lui être fait aucun mal, l'épée que l'on dirigeait contre sa poitrine doit rentrer dans le fourreau, la fureur doit se taire quand elle n'a plus devant elle que des malheureux, et non plus des combattants. Il faut leur pardonner tout le mal qu'ils ont pu faire lorsqu'ils ont loyalement fait usage des armes qui leur avaient été confiées au nom de la patrie. »

Il en résulte que le droit d'immoler un ennemi disparaît dès qu'il n'y a plus de nécessité de le faire, et que, dans aucun cas, il n'est permis de répandre le sang d'un ennemi qui se rend ou qui ne peut plus nuire.

Néanmoins, il ne faut pas s'étonner de ce que le conquérant moderne, — « qui avait le goût des grandes ressources et pas du tout celui du sang », comme l'écrit l'académicien Thiers (t. XVI, p. 43), — ait fait massacrer quatre mille prisonniers de guerre pris les armes à la main : il va bientôt en faire fusiller pour s'être laissé prendre sans armes, ou pour avoir mal parlé des Français, ou encore pour avoir voyagé sans passeport.

Quelques années après, n'écrivait-il pas au maréchal Soult : « J'ai vu avec peine qu'un paysan était venu d'Elditten à Liebstadt. Ne saurons-nous donc jamais servir ? pas même un lièvre ne doit passer la ligne. Le premier qui passera, faites-le fusiller, INNOCENT OU COUPABLE. »

Innocent ou coupable, faites fusiller !... Et l'historien-académicien Thiers ose écrire que Bonaparte n'avait pas du tout le goût du sang !... Ici, le héros du Nil fusille des hommes parce qu'ils sont armés ; là, il les fusille parce qu'ils sont désarmés. Voilà la manière de procéder de l'homme d'Etat sage et humain qui, dans les temps modernes, prétend l'historien de la place Saint-Georges, a réalisé le vrai type du héros : il faut qu'il fasse couler le sang humain, soit pour une raison, soit pour une autre, et il en trouve toujours. Il a pour cet objet une imagination excessivement féconde ou plutôt « grandiose », suivant le mot de son historien Thiers.

Avant de quitter Jaffa, le grand homme qui « a réuni la plus haute expression de l'intelligence humaine à la force de volonté la plus énergique », écrit à son administrateur général des domaines et des finances, le citoyen Poussielgue, qu'il a laissé au Caire :

« Engagez les négociants de Damiette à venir vendre leur riz à Jaffa. Nous avons ici une grande quantité de savon, engagez les négociants du Caire à venir en acheter. Il y a ici des articles qui manquent en Egypte, tels que le savon, l'huile ; qu'ils apportent en échange du riz et du blé; prenez toutes les mesures pour activer autant que possible le commerce. »

A la suite de ces dispositions commerciales, le guerrier invincible et sage, dont l'esprit embrassait toutes les choses à la fois, se remet en marche pour Saint-Jean-d'Acre : la peste commence à se manifester avec assez d'intensité dans son armée, qui perd, par la contagion, sept à huit cents hommes durant cette campagne de Syrie.

XIX

SIEGE DE SAINT-JEAN-D'ACRE

Quarante jours après son départ du Caire, le plus grand homme des temps modernes, qui possédait, selon l'académicien Thiers, un art merveilleux pour se servir du temps qu'il avait, arrive devant Saint-Jean-d'Acre, où il apprend avec étonnement que son envoyé auprès de Djezzar-Pacha, le sieur Mailly de Château-Renaud, avait eu la tête coupée et avait été jeté à la mer dans un sac.

Et cependant, il y avait à peine une semaine que le guerrier invincible et sage, sur lequel l'académicien Thiers, fidèle à son système de justice historique, calme, égale pour tous, ordinairement indulgente, et sévère seulement quand la plus évidente nécessité en fait un devoir à l'historien, n'avance pas un fait sans en avoir eu sous les yeux la preuve matérielle ; il y avait à peine une semaine, disons-nous, que le guerrier invincible s'était écrié : « *Ceux qui se déclarent mes amis, prospèrent !...* » Il faut convenir que c'était là, pour le sieur Mailly de Château-Renaud, une singulière prospérité que lui donnait son ami Bonaparte.

L'avant-veille de son arrivée devant Saint-Jean-d'Acre, cet instrument de la Providence, « réparateur de toutes les fautes de la Révolution », comme le dit si bien l'académicien Thiers (t. XVII, p. 126), avait établi son quartier général au Mont-Carmel et avait adressé au peuple de la Syrie la proclamation suivante, qu'il fit répandre avec profusion :

« Dieu est clément et miséricordieux !

« Dieu donne la victoire à qui il veut, il n'en
« doit compte à personne. Les peuples doivent se
« soumettre à sa volonté.

« En entrant avec mon armée dans le pachalik
« d'Acre, mon intention est de punir Djezzar-
« Pacha de ce qu'il a osé me provoquer à la
« guerre, et de vous délivrer des vexations qu'il
« exerce envers le peuple.

« Dieu, qui tôt ou tard punit les tyrans, a
« décidé que la fin du règne de Djezzar était
« arrivée. »

Toutefois, il paraît que l'enfant du Prophète et le favori du grand Allah, malgré son « esprit pénétrant » et sa « prodigieuse sagacité », avait mal lu la décision de Dieu : la victoire resta à Djezzar-Pacha, et ce boucher, digne émule de l'auteur de notre grandeur nationale, ne cessa de régner que cinq ans après l'échec du guerrier invincible et sage devant Saint-Jean-d'Acre.

Pendant les longues et sanglantes journées de ce siège, le général Kléber disait à Bourrienne : « Tu verras que ton petit brigand de Bonaparte, qui est haut comme ma botte, asservira la France ! Regarde quelle f..... expédition il nous a fait faire ! »

Ce petit brigand, qui était haut comme la botte de Kléber, et qui, d'après l'historien Thiers, « n'était pas seulement grand, il était bon et sensible aux affections du sang, quelquefois jusqu'à la faiblesse », — ce petit brigand ne comptait pas moins sur le succès de sa f..... expédition », suivant l'expression militaire de Kléber.

A la date du 27 mars 1799, il écrivait du camp d'Acre : « Dieu, qui a décidé que le règne des tyrans, tant en Egypte qu'en Syrie, devait être terminé, m'a donné la victoire. Je me suis emparé de Gaza, Jaffa et Caïffa, et je suis devant Acre, *qui d'ici à peu de jours sera en mon pouvoir.* »

Au mois d'avril suivant, il écrivait à l'administrateur Poussielgue : « Nous avons ici, au camp d'Acre, *assez d'artillerie pour prendre cette place.* Vous pouvez calculer que le 5 ou 6 floréal (24 ou 25 avril), Acre sera pris : je partirai immédiatement pour me rendre au Caire. Je vous prie de faire meubler mes nouvelles salles. »

Un mois après son arrivée devant Saint-Jean-d'Acre, le petit brigand, avec cette « sorte de perspicacité diabolique, à laquelle, dit l'académicien Thiers (t. XVII, p. 102), rien n'échappait », écrivait au général Dugua, gouverneur du Caire :

« Acre sera pris le 6 floréal (25 avril) et je partirai sur-le-champ pour me rendre au Caire. Je ne réponds pas en détail à vos lettres, parce que je serai bientôt de retour. Vous pouvez incorporer dans les différents corps, qui sont dans la Basse-Egypte, les Mamelucks qui n'auraient pas plus de vingt ans. »

Le même jour, il écrit au général Desaix : « Je serai de retour en Egypte dans le courant de mai ; je compte être maître d'Acre dans six jours », c'est-à-dire le 25 avril 1799.

Sept jours après l'époque fixée, Acre n'était pas encore pris, mais le guerrier invincible et sage, qui devinait tout et ne tenait compte de rien, n'était pas moins sûr du succès, parce que le génie ne s'arrête pas en présence des obstacles et des difficultés, et qu' « un si admirable esprit ne pouvait admettre les vérités qui contrariaient ses calculs », comme nous le fait observer l'académicien Thiers (t. XII, p. 435) :

« L'ennemi, écrivait le héros du Nil au général Kléber, n'a plus qu'un seul canon qui tire... Il ne peut plus défendre ses murailles..... Après-demain, nous plaçons nos pièces de vingt-quatre, pour faire brèche, et, dès l'instant qu'elle sera praticable, nous donnons un assaut général et en masse. »

En même temps, le héros du Nil, qui ne faisait rien à demi, parce qu'il ne saisissait pas la vérité à demi, et sur lequel l'historien Thiers ne donne point des détails de fantaisie, qui lui ont toujours semblé indignes de l'histoire, écrivait au général Junot : « Nous espérons sous peu de jours, malgré la grande obstination des assiégés, entrer dans Acre. Le feu de leur artillerie est entièrement éteint. »

Enfin, après être resté soixante jours devant Saint-Jean-d'Acre, après avoir livré huit assauts meurtriers et essuyé douze sorties sanglantes, le guerrier invincible lève le siège ; il était vaincu ! car on ne se retire pas en toute hâte, comme le dit fort bien l'historien Thiers, lorsqu'on est victorieux.

Ce siège, entrepris dans le but de punir Djezzar-Pacha ou plutôt, suivant le député Dubreuil, « pour s'emparer des immenses trésors accumulés par le pacha d'Acre », ce siège avait coûté plus de trois mille hommes tués, morts de la peste ou de leurs blessures, et un grand nombre de blessés mortellement. Ce qui n'a pas empêché le conquérant, qui ne pouvait admettre les vérités qui contrariaient ses calculs, de ne porter la perte des Français, dans ses bulletins « toujours véridiques », qu'à cinq cents hommes tués et mille blessés, et de se flatter d'avoir fait éprouver à l'ennemi une perte de plus de quinze mille hommes.

L'historien de nos écoles, l'ex-ministre bonapartiste Duruy, explique en ces termes l'échec du guerrier invincible :

« Au siège de Saint-Jean-d'Acre, dit-il, tout son génie échoua, *faute de moyens matériels*... N'ayant ni munitions ni grosse artillerie, il ne put ouvrir des brèches praticables ; après soixante jours de tranchée et huit assauts meurtriers, il ramena en Europe son armée épuisée de fatigue et décimée par la peste. »

Ces assertions ne sont-elles pas démenties, en partie, par les faits et les dépêches qui précèdent ? Ne serait-il pas plus conforme à la vérité de dire, dans nos écoles publiques, que ce génie de Titan échoua devant Saint-Jean-d'Acre, parce qu'il y trouva une résistance intelligente et énergique à laquelle, malgré sa perspicacité diabolique, il ne s'attendait pas ?

Cette version serait d'autant plus nécessaire, qu'il est reconnu, par tous les bons esprits, qu'une fausse appropriation de l'instruction commune est nuisible non seulement à la société, mais encore aux individus. « Ce n'est pas le NON SAVOIR, qui perd les peuples, a dit l'académicien Charles Nodier, c'est le MAL SAVOIR, et une science présomptueuse, fondée sur le mensonge, est mille fois plus pernicieuse qu'une ignorance absolue. »

D'après cette opinion, nous ne croyons pas que

l'historien de nos écoles publiques soit exempt de tout blâme pour sa version sur le siège de Saint-Jean-d'Acre. L'erreur qu'il a commise, sciemment ou non, nous paraît inexcusable. Heureusement que la vérité a des droits imprescriptibles, que le temps se charge de ressaisir et de faire valoir :

> La noirceur masque en vain le poison qu'elle verse :
> Tout se sait tôt ou tard, et la vérité perce.

Et la vérité et la raison, généralement répandues, pourraient un jour, en s'assurant de la pluralité des suffrages, triompher de l'ambition, de l'intrigue et du despotisme.

Honte donc à ceux qui, par passion, calcul ou ignorance, dénaturent la vérité, trompent la jeunesse et pervertissent la raison : le siège de Saint-Jean-d'Acre fut, pour les assiégeants, une entreprise insensée et criminelle, et, pour les assiégés, une défense héroïque (1).

(1) Comment l'historien Duruy a-t-il osé écrire que Bonaparte échoua *faute de moyens matériels*, alors que Bonaparte, dans son rapport du 27 mai 1799, au Directoire exécutif, dit formellement :

« Les batteries de mortiers et de pièces de 24 furent établies, comme je vous l'ai annoncé, dans la journée du 23 floréal (12 mai), pour raser la maison de Djezzar et détruire les principaux monuments d'Acre ; elles jouèrent pendant 72 heures et obtinrent l'effet que je m'étais proposé : le feu fut constamment dans la ville. »

Donc, Bonaparte avait des munitions et de la grosse artillerie pour obtenir un tel effet !

XX

EMPOISONNEMENT DES PESTIFÉRÉS DE JAFFA

L'échec essuyé devant Saint-Jean-d'Acre, par l'armée qui ne savait que se dévouer et mourir pour l'existence ou la grandeur de la France, produisit un découragement général ; et le manque total d'eau, une soif dévorante, une chaleur excessive, une marche fatigante dans des dunes brûlantes, démoralisèrent les hommes et excitèrent le plus cruel égoïsme parmi « des soldats qui, prétend l'académicien Thiers (t. XIV, p. 494), pensaient aussi vite et souvent aussi bien que le général. »

Des officiers amputés, portés sur des brancards, furent jetés à terre ; des blessés, des pestiférés ou soupçonnés seulement de l'être, furent abandonnés dans les orges. La marche du guerrier invincible était éclairée par des torches allumées pour incendier les petites villes, les bourgades, les villages, les hameaux, les riches moissons dont la terre était couverte. Bientôt la flamme s'étendit jusque dans les montagnes : la terre, couverte de cendres, n'offrit plus que l'image de la désolation.

Les bestiaux fuyaient en mugissant; les habitants, effrayés, la rage dans le cœur, contemplaient, sans pouvoir les arrêter, les désastres qui signalaient le passage du guerrier éblouissant que l'académicien Thiers, suivant son habitude de ne jamais tracer des tableaux de fantaisie, a placé hors de cause devant l'histoire, alors qu'il est dit, à l'article 2, du titre V de la loi du 21 brumaire an V (11 novembre 1796) :

> Sera puni de mort tout militaire ou autre individu attaché à l'armée et à sa suite, qui sera convaincu d'avoir porté le ravage et le dégât, à main armée ou en troupe, sur les propriétés des habitants de quelque pays que ce soit.....

« Le pays, raconte un témoin oculaire, était tout en feu. Ceux qui avaient l'ordre de présider à ces désastres, semblaient, en répandant partout la désolation, vouloir venger leurs revers et trouver un soulagement à leurs souffrances : on n'était entouré que de mourants, de pillards et d'incendiaires. Les mourants, jetés sur les bords du chemin, disaient d'une voix faible : « Je ne suis pas pestiféré, je ne suis que blessé ! » et pour convaincre les passants, on en voyait rouvrir leurs blessures ou s'en faire de nouvelles. Personne n'y croyait, on disait : « *Son affaire est faite!* » et l'on passait. »

Après quatre jours de marche, le conquérant moderne, dont le génie devant l'histoire est hors de cause, arrive à Jaffa. Il y séjourne trois jours. Et comme « il avait pour arme la création des moyens », ainsi que nous l'assure l'académicien Thiers (t. XIII, p. 395), il fait sauter les fortifications de Jaffa, prescrit de jeter à la mer toute l'artillerie de la place, et ordonne l'empoisonnement de quelques pestiférés.

« Je ne puis pas dire que j'ai vu donner la
« potion, déclare Bourrienne, je mentirais ; mais
« je sais bien positivement que la décision a été
« prise et a dû être prise après délibération ; que
« *l'ordre en a été donné*, et que les pestiférés
« sont morts. »

En présence de cette affirmation, si claire, si formelle, l'académicien Thiers, qui a, dit-il (t. XIV, p. 447), peu de goût de changer les versions reçues en histoire, et qui n'a cherché qu'à être vrai, non à être nouveau, ne nie pas moins l'ordre infâme donné par le guerrier illustre qui a dépassé toute grandeur connue :

« On ne leur administra point d'opium, déclare
« l'historien Thiers, et ce fait servit à propager
« une calomnie indigne et aujourd'hui détruite. »

Pour un historien qui prétend qu'on fait perdre son sérieux à l'histoire lorsqu'on se montre trop affirmatif (t. XIV, p. 225), il nous semble que l'académicien Thiers est bien affirmatif dans cette circonstance.

Nous avons donc le regret de dire qu'il n'y a pas eu calomnie. Ce fait est acquis à l'histoire : il est certain que le grand homme, dans sa « prodigieuse grandeur » (Thiers, t. X, p. 430), a réellement ordonné d'empoisonner les pestiférés de Jaffa, ses propres malades ! Nous dirons même que la vérité de ce fait, loin d'être détruite, comme le prétend l'historien national, n'est plus aujourd'hui contestée.

Lorsque, en 1802, les journaux anglais osèrent révéler ce fait, le héros, qui, selon l'académicien Thiers, nous a laissé avec la gloire la semence des héros, en témoigna un chagrin excessif et s'en plaignit à l'ambassadeur d'Angleterre. — « Géné-
« ral, lui répondit lord Withworth, en pareil cas,
« le roi de la Grande-Bretagne n'aurait d'autre
« parti à prendre que de rendre plainte devant
« les tribunaux. »

Ce guerrier invincible et sage, qu'il ne faut pas rabaisser et dont le génie devant l'histoire est hors de cause, ne voyant d'autre moyen d'obtenir vengeance, « quoiqu'ayant peu de rancune, parce qu'il connaissait les hommes », comme le dit l'académicien Thiers (t. XIX, p. 51), chargea son ambassadeur à Londres de poursuivre les journalistes comme calomniateurs, et particulièrement celui qui excitait le plus vivement son courroux,

M. Peltier, l'un des anciens rédacteurs des *Actes des Apôtres*, et le propriétaire, à Londres, d'un journal français intitulé l'*Ambigu*.

Au tribunal, le juge ayant demandé à M. Peltier ce qu'il avait à répondre à l'accusation portée contre lui, celui-ci se leva, et, promenant sa vue sur la foule immense dont la salle était remplie :

« J'aperçois, dit-il, parmi les spectateurs qui prennent intérêt à cette cause, de braves et généreux guerriers qui ont combattu en Egypte ; je les adjure de déclarer s'il est vrai que les faits que j'ai racontés soient calomnieux. »

Plusieurs personnes ayant répondu à cette interpellation et de nombreux témoins ayant été entendus, le journaliste fut acquitté. (*Mémoires pour servir à l'Histoire de France*, par Salgues, t. II, p. 543.) (1)

Le colonel Wilson, qui, le premier, dans son histoire de l'expédition d'Egypte, a donné les détails de l'empoisonnement des pestiférés de Jaffa, dit : « S'il reste encore quelque doute sur les faits que j'ai racontés, que l'on interroge les membres de l'Institut du Caire, ils diront que le courageux médecin qui avait refusé de se faire le meurtrier

---

(1) D'après Walter-Scott, le journaliste fut déclaré coupable, *mais sa condamnation pouvait être considérée comme un triomphe*. Le jugement ne reçut point d'exécution. (*Vie de Napoléon*, t. IX, p. 45.)

de ceux qu'il devait sauver, accusa le général en chef de haute trahison contre l'honneur de la France, la vie de ses enfants et l'humanité entière, et qu'il exposa, avec une généreuse liberté, tous les détails de l'empoisonnement des malades et du massacre des prisonniers de Jaffa. »

Lorsque le pacha de Jérusalem entra à Jaffa, immédiatement après l'évacuation de cette place par les Français, on trouva encore quelques malheureux soldats luttant contre les dernières convulsions de l'agonie. Ils montraient la liqueur jaunâtre qu'on leur avait fait avaler.

Dans le *Grand Dictionnaire universel du XIXe siècle*, de Pierre Larousse, il est dit :

« Contraint d'évacuer Jaffa, Bonaparte fit transporter par mer le plus grand nombre de malades; il en resta vingt-cinq, qu'il donna l'ordre d'empoisonner avec de l'opium. Il aurait nié le fait, d'après le *Mémorial de Sainte-Hélène*, mais Desgenettes, médecin en chef de l'expédition, a reconnu avoir reçu de lui cet ordre infâme. »

Le maréchal Marmont, dans ses mémoires, a reconnu le fait du massacre des prisonniers et celui de l'empoisonnement des malades. Il est donc impossible d'en douter.

Et c'est en présence de ces témoignages, c'est en présence de ces faits que l'académicien Thiers ose écrire qu'il a peu de goût de changer les versions reçues en histoire, qu'il a cherché à être vrai, et que l'histoire du Consulat et de l'Empire, dont il est l'auteur, est empreinte du sentiment profond de la justice et de la vérité !

Qu'il nous soit permis de protester contre cette assertion, dont nous avons surabondamment démontré la fausseté ; car tout, comme le remarque avec raison le sénateur et historien Lanfrey, tout ce que l'imagination des hommes a inventé de flatteries posthumes, de superstitions invraisemblables, de fraudes pieuses, de fictions héroïques, non pour absoudre la mémoire de Bonaparte, mais pour la déifier, se trouve reproduit dans le livre de l'académicien Thiers, sous les dehors trompeurs d'une exactitude et d'une impartialité qui disparaissent aussitôt qu'on veut les examiner d'un peu près.

« Ecrite à coups de souvenirs thermidoriens et girondins, bâclée à l'aide du *Moniteur* et des mémoires publiés sous la Restauration, dépourvue de critique et de philosophie, dit l'*Almanach de l'Encyclopédie*, en parlant de l'histoire de l'académicien Thiers, cette œuvre a causé d'autant plus de mal qu'elle paraît animée d'un souffle patriotique et révolutionnaire. Mais les erreurs et les contradictions y abondent ; les mensonges historiques y ont acquis droit de cité. Tel homme, dont on est obligé de vanter ici le courage et l'éloquence, n'est plus, à la page suivante, qu'un couard et un rhéteur sans talent. De ses contradictions et de ses erreurs, l'auteur ne s'embarrasse guère, il va toujours avec son imperturbable aplomb, immolant sans pitié la logique, la vérité et la justice, hélas! que lui importe ? Son livre répandu à trente éditions, traduit et retraduit partout, n'est-il pas consacré par le succès, et ne fait-il pas encore à cette heure les délices de la bourgeoisie française? »

Et cependant, c'est l'auteur de ce livre qui estime qu'il n'y a rien de plus condamnable, lorsqu'on s'est donné la mission de dire aux hommes la vérité sur les grands événements de l'histoire, que de la déguiser par faiblesse, de l'altérer par passion, de la supposer par paresse, et de mentir, sciemment ou non, à son siècle et aux siècles à venir!

Mais n'est-ce pas là précisément ce que l'académicien Thiers a fait en écrivant son histoire de la Révolution, du Consulat et de l'Empire ? N'a-t-il pas menti sciemment à son siècle et aux siècles à venir?

Dans les *Lettres persanes*, Montesquieu a flétri une certaine classe d'écrivains ; ceux qui, comme l'historiographe Moreau, étaient payés pour faire mentir notre histoire nationale :

« Hommes lâches, dit-il, qui abandonnent leur foi pour une médiocre pension, qui, à prendre leurs impostures en détail, ne les vendent pas seulement une obole ; qui renversent la constitution de l'empire, diminuent les droits d'une puissance, augmentent ceux d'une autre, donnent aux princes, ôtent aux peuples, font revivre des droits surannés, flattent les passions qui sont en crédit de leur temps, et les vices qui sont sur le trône, imposent à la postérité d'autant plus indignement qu'elle a moins de moyens de détruire leur témoignage. »

Est-ce que l'académicien-historien de la grande époque révolutionnaire n'aurait pas craint d'être placé au rang de ces hommes lâches dont parle Montesquieu, en reproduisant dans son livre, sous les dehors trompeurs d'une exactitude et d'une impartialité qui disparaissent aussitôt qu'on veut les examiner d'un peu près, les flatteries posthumes, les superstitions invraisemblables, les fraudes pieuses et les fictions héroïques propres à déifier la mémoire de l'empoisonneur des pestiférés de Jaffa?

XXI

RENTRÉE AU CAIRE

Après l'empoisonnement des pestiférés de Jaffa, le guerrier invincible et sage se remet en route pour le Caire. L'armée marche toujours à la lueur des flammes. La cavalerie parcourt les dunes le long de la mer et ramasse les bestiaux. L'infanterie achève d'incendier les villages et les moissons : la Palestine n'offre plus qu'une mer de feu.

« Le général Kléber, écrit Bonaparte, le 28 mai 1799, fera brûler les moissons partout où il passera... Il profitera du reste de la journée d'aujourd'hui pour faire brûler les moissons; il enverra, à trois heures après-midi, son avant-garde pour prendre position en avant de Jaffa, empêcher les habitants de sortir de la ville et les Arabes d'y rentrer, empêcher qu'on n'éteigne le feu aux différents magasins de bois où il a été mis. »

Le même jour, il écrit au général Berthier de prescrire au commandant de la place de Jaffa de mettre sur-le-champ le feu aux magasins de fourrage, de riz, d'huile et de coton ; de vérifier que le feu a été mis au magasin de planches et qu'il ne reste plus aucun objet d'artillerie dans la place.

Deux jours après, Bonaparte écrit de nouveau à Kléber : « Vous vous assurerez, avant de partir (de Jaffa), que toutes les fortifications de la ville ont sauté et que tous les magasins ont été brûlés. »

Les torches s'éteignent devant Gaza, dont on détruit le fort ; mais elles se rallument le lendemain avec une nouvelle violence jusqu'à Khân-Younès, où finit la Syrie. Là, on s'enfonce dans le désert qui sépare Khân-Younès d'El-A'rych. On enlève en passant les bestiaux et on incendie le peu de récoltes qui existent dans quelques parties du désert.

A El-A'rych, Bonaparte ordonne de construire de nouvelles fortifications et y laisse une garnison de cinq à six cents hommes.

De Sâlheyeh, le 9 juin, il écrit au général Berthier : « Les otages de Jaffa et de Gaza, que le général Robin a été chargé d'escorter, seront remis dans le fort de Sâlheyeh. Le commandant aura pour eux des égards, en prenant toutes les mesures pour qu'ils ne s'échappent pas. On leur fera connaître qu'ils n'auront leur liberté que lorsqu'ils auront payé la contribution pour laquelle ils ont répondu. »

Le surlendemain, à Belbeys, ordre est donné au général Murat de partir avec toute la cavalerie pour se rendre à Gezyret-el-Bily, chef-lieu des Bily : « Il leur fera, dit Bonaparte, tout le mal possible, fera toutes leurs femmes prisonnières, prendra tous les chevaux et chameaux, emploiera les journées des 12 et 13 juin à parcourir les villages environnants ; il y prendra les femmes, les bestiaux que les Bily y ont en dépôt et qui leur appartiennent à coup sûr, attendu que ces villages n'en ont presque point ; *enfin, il leur fera tout le mal possible.* »

Après cela, le héros sage et humain, avec une armée réduite d'un bon tiers, rentre en triomphateur au Caire, où il s'était fait précéder par un de ces bulletins mensongers qui n'attrapaient que les sots :

« J'emmènerai avec moi, écrit-il, beaucoup de prisonniers et de drapeaux. J'ai rasé le palais de Djezzar et les remparts d'Acre. Il ne reste plus pierre sur pierre ; tous les habitants ont évacué la ville par mer : Djezzar est grièvement blessé. »

Chacune de ces paroles officielles était une imposture. Bourrienne, en les écrivant sous la dictée du conquérant moderne, éprouvait un sentiment tellement pénible que, excité par tout ce dont il avait été témoin, il hasarda quelques observations ; mais la réponse du héros, qui était doué d'un esprit si admirable qu'il ne pouvait admettre les vérités qui contrariaient ses calculs, était toujours : « Mon cher, vous êtes un nigaud, vous n'y entendez rien ! » Et, sans s'inquiéter que,

> Du mensonge toujours le vrai demeure maître,

il le disait en signant son bulletin, qui allait remplir le monde et inspirer les poètes et les historiens, c'est-à-dire les Lebrun, les Thiers, les Salvandy, les Tissot, les Duruy et tant d'autres qui ont défiguré les actions du héros du Nil par toutes les absurdités que peut enfanter l'esprit superstitieux d'un peuple qui, jusqu'en 1870, a poussé jusqu'à la folie l'amour de la gloire militaire, amour qui autorisait Gustave Isambert à écrire, dans le journal le *Temps*, du 22 juin 1865, ces lignes caractéristiques :

« Peuple français, peuple de braves ! proposez-lui la plus onéreuse des guerres, faites sonner le clairon à ses oreilles, et vous êtes certain de trouver des hommes ardents et décidés pour emboîter le pas derrière vous. Elancez-vous à la conquête de l'Angleterre et M. de Boissy lui-même est prêt à s'enrôler comme tambour. »

C'est ce qui nous explique la conclusion suivante d'une relation du siège de Saint-Jean-d'Acre, qu'on lit dans l'œuvre littéraire la plus importante de notre époque : « Le héros (Bona-
« parte) rentre enfin en Egypte après une expé-
« dition de trois mois, remplie d'*événements*

« *merveilleux* qui ont rendu son nom à jamais « légendaire en Orient. »

Afin d'ajouter de nouveaux événements merveilleux à ceux de l'expédition de Syrie et de parvenir à organiser en Egypte une administration toute française, le héros, chantre de ses propres exploits dans ses bulletins, à la fois grand écrivain, parce qu'il était grand esprit, et orateur inspiré dans ses proclamations, le héros prit, le jour même de sa rentrée au Caire, l'arrêté dont la teneur suit :

« Tout propriétaire qui, au 30 messidor prochain (dans 34 jours), n'aura pas entièrement acquitté le myry de ses propriétés, pour l'an 1213, sera déchu et ses propriétés seront confisquées au profit de la République. »

Le lendemain, cet homme d'Etat sage et humain, — persuadé que c'est par la raison qu'on résiste à tous les maux, qu'on acquiert tous les biens, qu'on s'oppose à tous les abus et qu'on réprime toutes les violations des droits, — publie deux nouveaux arrêtés ainsi conçus :

Premier arrêté. — « Les juifs du Caire n'ayant pas satisfait à la contribution extraordinaire payeront, à titre de contribution extraordinaire, une somme de *cinquante mille francs*, qui sera versée dans la caisse du payeur général d'ici au 10 messidor (dans 13 jours). Il sera ajouté cinq pour cent, pour chaque jour de retard, aux sommes qui n'auraient pas été payées à cette époque. »

Deuxième arrêté. — « Les femmes de Hassan-Bey-El-Geddaoui et de sa suite payeront une contribution de *dix mille talari, à titre de rachat de leurs maisons et de leur mobilier.* Ladite somme devra être versée dans la caisse de l'administrateur des domaines d'ici au 10 messidor, sous peine d'arrestation desdites femmes et de confiscation de leurs maisons et meubles. »

Trois jours après, l'auteur de ces deux décrets, qui a donné, dit l'académicien Thiers (t. XVII, p. 898), de si admirables leçons à la Révolution française, qui a condamné le régicide, la guerre civile, le schisme, la captivité du pape, la république universelle, la fureur de la guerre, et qui a été de tous les hommes, ajoute l'académicien Thiers (t. XIX, p. 48), le moins occcupé de ce qui le concernait personnellement, parce que l'oubli de soi-même est le signe le plus noble que Dieu ait imprimé sur le front humain, — trois jours après, le héros du Nil écrit à son administrateur général des domaines :

« Je vous prie de faire connaître, citoyen administrateur, aux quatre principaux négociants damasquains, que je désire qu'ils me prêtent chacun trente mille livres. Vous leur donnerez à chacun une lettre de change de trente mille livres, payable à la caisse du payeur de l'armée, le 15 thermidor (dans 45 jours) : ces lettres de change seront acceptées par le payeur. *Je désire que cet argent soit versé dans la journée de demain* (1). »

Par un ordre, qui a échappé aux recherches consciencieuses des historiens Thiers et Duruy, le héros du Nil prescrit les mesures administratives qui suivent :

« Art. 1er. — L'administration de l'enregistrement, sous sa responsabilité, fera rentrer, d'ici au 30 nivôse, les 205,500 livres dues pour l'enregistrement, et les 19,982 dues pour les rachats des femmes.

« Art. 2. — L'état-major mettra, à dater de demain, un chef de bataillon et 100 hommes à la disposition de l'administration de l'enregistrement, pour les contraintes nécessaires. »

Poursuivant toujours, en Egypte, l'organisation

---

(1) Il paraît que ces emprunts ont été réalisés, mais non remboursés. On trouve dans la correspondance de Bonaparte, tome IX, p. 15, à la date du 1er octobre 1803, ce qui suit :

« Rapport sur des emprunts de guerre faits en Egypte, et dont le payement est réclamé par des capitaines grecs. — Le ministre de la guerre leur fera donner à chacun 3,000 francs, en leur faisant connaître qu'ils n'ont aucun droit à une liquidation, et qu'ils aient à quitter sur-le-champ Paris.

« Bonaparte. »

d'une administration toute française, et voulant tout subordonner, dignité et réputation, au bonheur du genre humain, l'homme d'Etat sage et humain, qui a été, selon l'historien Thiers, le moins cruel des généraux, adresse au général Dugua, commandant la province et la place du Caire, l'ordre ci-après :

« *Faites fusiller*, citoyen général, tous les Moghrebins, Mecquains, etc., venus de la Haute-Egypte, et qui ont porté les armes contre nous.

« *Faites fusiller* les deux Moghrebins ABEL-ALLEH et ACHMET, qui ont excité les Turcs à l'insurrection.

« L'homme qui se vante d'avoir servi quinze pachas, et qui vient de la Haute-Egypte, restera au fort pour travailler aux galères.

« Faites-vous donner par le capitaine Omar des notes sur tous les Moghrebins de sa compagnie qui sont arrêtés, et *faites fusiller* tous ceux qui se seraient mal conduits. »

Ce même jour, 19 juin 1799, le guerrier éblouissant qui a été, suivant l'historien Thiers (t. XII, p. 126), le réparateur de toutes les fautes de la Révolution, et qui ne parlait de l'effusion du sang humain qu'avec horreur, parce qu'il comprenait que l'utile est le beau, le bon, le juste, et que le nuisible est le laid, le mauvais, l'injuste, — ce même jour, le héros du Nil écrit au Directoire exécutif, à Paris :

« Le 12 pluviôse, une partie de la province de Bénécouef se révolta. Le général Vaux marcha avec un bataillon de la 22ᵉ, *il remplit de cadavres ennemis quatre lieues de pays*. Tout rentra dans l'ordre. Il n'eut que trois hommes tués et vingt blessés.

« Le citoyen Duranteau, chef du 3ᵉ bataillon de la 32ᵉ, se porta, le 24 ventôse, dans le Charqyeh; *le village de Bordeyn*, qui s'était révolté, *fut brûlé et ses habitants passés au fil de l'épée*.

« Le 19 floréal, le général Lanusse, qui s'est porté avec la plus grande activité partout où il y a eu des ennemis à combattre, arrive à Damanhour, passe quinze cents hommes au fil de l'épée : *un monceau de cendres indique la place où fut Damanhour*.

« Le général Lanusse, après avoir délivré la province de Bahyreh, atteignit, le 17 prairial, au village de Kafr-Fourniq, les Moghrebins et les hommes échappés de la Bahyreh. *Il leur tua cent cinquante hommes et brûla le village.* »

En présence de semblables résultats, le guerrier invincible et sage, — « qui avait le goût des grandes ressources et pas du tout celui du sang », comme nous l'affirme l'historien Thiers, — ajoute, dans sa lettre au Directoire exécutif : « Je dois té-
« moigner ma satisfaction au général Dugua, au
« général Lanusse et au chef de bataillon Duran-
« teau. »

Pour oser s'exprimer ainsi, il faut que ce guerrier éblouissant, « qu'il ne faut pas rabaisser », car c'est abaisser la nature humaine que d'abaisser le génie qui a produit de si beaux résultats, il faut que le héros en qui la Révolution française s'est résumée, et qu'on ne peut outrager sans commettre un crime irrémissible, — ait été la férocité même ou l'ignorance incarnée, car ne pas savoir distinguer ce qui est bon, juste, honnête, de ce qui ne l'est pas, c'est être ignorant.

En tous lieux et dans tous les temps, on a considéré comme un abus de la force et comme une violation inutile des devoirs de l'humanité, l'action d'immoler, dans un pays conquis ou occupé momentanément sur l'ennemi, les femmes, les vieillards, les enfants et tous ceux qui, de leur personne, ne prenaient aucune part aux hostilités. De nos jours, des actes semblables, commis dans une guerre réglée, ne seraient pas qualifiés trop sévèrement, quand on les appellerait de lâches atrocités : et ce sont ces lâches atrocités qu'on ose qualifier *d'événements merveilleux*, et qui obtiennent l'approbation de celui que l'historien-académicien Thiers a proclamé le plus grand homme des temps modernes, le sauveur de la société, l'auteur de notre grandeur nationale, un véritable envoyé de la Providence!

C'est là, nous le répétons, ne pas savoir distinguer ce qui est juste, bon, honnête, de ce qui ne l'est pas, c'est être ignorant ou de mauvaise foi, c'est être dépourvu de discernement.

Le droit des gens, qui, certes, est bien antérieur à la prétendue mission providentielle du grand homme en Egypte, en établissant le système des contributions de guerre, pour l'entretien et la subsistance des armées sur le territoire ennemi, a posé des limites à la faculté de ravage ; il a réduit le pillage à des cas très rares, et l'incendie aux seuls cas de nécessité : il ne permet pas de faire le dégât pour le dégât même.

Donc, tout le mal que l'on fait à l'ennemi sans nécessité, tout acte d'hostilité qui ne tend point à ramener la victoire et la fin de la guerre, est une licence que la loi naturelle et l'honneur condamnent ; et vraiment, on ne voit guère quel profit on a pu tirer du monceau de cendres qui indique la place où fut Damanhour, ni des quatre lieues de pays remplies de cadavres par le général Vaux.

Toutefois, en cherchant bien, ne pourrait-on pas expliquer la destruction de Damanhour ? « Tout général, dit Charles Comte, tout général qui se croirait déshonoré pour le reste de sa vie, s'il appliquait ses mains à exercer une industrie ou un commerce quelconque, croit illustrer sa postérité en lui transmettant la preuve qu'il a incendié une ville. »

Ne serait-ce pas là l'unique but de l'incendie de Damanhour par le héros du Nil ?

C'est ainsi que la destruction de Carthage a été le chef-d'œuvre d'un romain célèbre, au jugement de ses compatriotes et de Plutarque son historien ; et c'est ainsi que les actions du héros du Nil demeurent des merveilles, au jugement des Las Cases, des Thiers et des Duruy.

Espérons que les désastreux résultats de la guerre de 1870 dissiperont cet esprit d'admiration pour les œuvres de destruction, et calmeront un peu cette fureur guerroyante qui, à raisonner de sang-froid et de bonne foi, est bien ce qu'il y a de plus fou au monde.

XXII

MANIÈRE D'ÉCLAIRER ET DE RENDRE MEILLEUR UN PEUPLE

Tout en reconnaissant et en déclarant que le plus grand crime qu'un homme puisse commettre sur la terre, c'est de faire tuer froidement les hommes dont la vie est confiée à votre discrétion et à votre honneur, l'homme d'État sage et humain, conformément au système de clémence qui lui était naturel et que l'académicien Thiers seul a eu la perspicacité de découvrir à travers le verre de ses lunettes, écrit au général Dugua, le 21 juin 1799, ce qui suit :

« Le nommé CARAOUI, *prévenu* d'être l'un des assassins du général Dupuy, sera *fusillé*.

« SEID-ABD-SALEM, *prévenu* d'avoir tenu des mauvais propos contre les Français, sera *fusillé*.

« EMIR-ALI, mameluk d'Omar-Cachef, rentré au Caire sans passeport, sera *fusillé*.

« MUHAMMED, mameluk de Muhammed-Cachef, rentré au Caire sans passeport, sera *fusillé*.

« MAHED-EL-TAR, *prévenu* d'avoir tenu des mauvais propos contre les Français, sera *fusillé*.

« Husson, mameluk d'Achmet-Bey, sera *fusillé*. »

En lisant de semblables ordres, qui nous donnent une idée parfaite et complète du fameux système de clémence de l'homme d'État sage et humain qui avait le goût des grandes ressources et pas du tout celui du sang, — ne croirait-on pas vivre dans l'un de ces siècles des Médicis, où le connétable de Montmorency, le chapelet en main, n'interrompait ses patenôtres que pour dire : « *Pendez celui-ci ! noyez celui-là !* » et décimait ainsi la population de Bordeaux, dont tout le crime était de refuser le payement d'un impôt illégalement ordonné ?

Et qui, demandera-t-on, qui donnait de pareils ordres à la fin du xviiie siècle ? quel est le misérable qui prescrivait de fusiller tel individu pour avoir voyagé sans passeport, tel autre pour avoir tenu des mauvais propos contre ceux qui les pillaient et les égorgeaient, tel autre encore sans aucun prétexte ?

C'était le « héros qui nous a laissé avec la gloire la semence des héros », et dont l'académicien Thiers s'est déclaré, le 10 octobre 1855, l'historien admirateur ardent !

C'était le « guerrier invincible et sage » dont le même académicien a dit textuellement : « l'outrager, lui, le sage, le victorieux, quel crime irrémissible ! »

C'était un général de vingt-neuf ans et dix mois, qui vivait dans un commerce criminel avec la femme d'un officier de son armée !

C'était, puisqu'il faut le nommer, c'était *Bonaparte* qui envoyait à la mort, de son autorité privée, six hommes dont le seul tort était de n'être pas enchantés de voir leurs propriétés pillées, ravagées, incendiées ! leurs femmes et leurs enfants égorgés, et leur territoire occupé par le guerrier le plus cruel que l'enfer ait vomi !

Toutes ces horreurs, est-il nécessaire de le dire? avait lieu contrairement aux articles 4, 7, 12 et 17 ci-après, de la *Déclaration du droit des gens,* dont la lecture avait été faite à la Convention, quelques années auparavant, par le représentant du peuple Grégoire, aux applaudissements de l'Assemblée nationale tout entière :

Art. 4. — Les peuples doivent en paix se faire le plus de bien et en guerre le moins de mal possible.

Art. 7. — Un peuple n'a pas le droit de s'immiscer dans le gouvernement des autres.

Art. 12. — Un peuple a le droit de refuser l'entrée de son territoire et de renvoyer les étrangers quand sa sûreté l'exige.

Art. 17. — Un peuple peut entreprendre la guerre pour défendre sa souveraineté, sa liberté, sa propriété.

Mais ce n'est pas tout : pendant que le général Dugua, en aveugle instrument de l'obéissance passive, faisait fusiller les six hommes que lui avait désignés le conquérant qui « nous a laissé avec la gloire la semence des héros », comme l'historien Thiers l'écrivait encore le 10 octobre 1855, le guerrier invincible et sage s'occupait de la traite des nègres, pour renforcer son armée, et écrivait au général Desaix :

« Je désirerais, citoyen général, acheter deux ou trois mille nègres ayant plus de seize ans, pour pouvoir en mettre une centaine par bataillon. Voyez s'il n'y aurait pas moyen de commencer le recrutement, en commençant les achats. Je n'ai pas besoin de vous faire sentir l'importance de cette mesure. »

Le lendemain, l'admirable esprit qui ne pouvait admettre les vérités qui contrariaient ses calculs, comme le dit l'académicien Thiers (t. XII, p. 435), expédie le billet suivant :

« Au Caire, le 5 messidor an VII (23 juin 1799).

« *Au général Kléber*.

« La province de Mansourah, citoyen général, nous a fourni quelques bons chevaux, elle en doit fournir encore une centaine. Je vous prie de donner l'ordre que l'on procède sans délai à les lever ; cela nous est extrêmement essentiel :

surtout, ordonnez qu'on ne prenne pas des chevaux au-dessous de cinq ans.

« BONAPARTE. »

Ayant chargé ses deux premiers généraux de lui procurer : l'un, des nègres, et l'autre, des chevaux, le guerrier invincible et sage, dont « le tact était si sûr » (Thiers, t. XIV, p. 275), récapitule comme il suit, dans un rapport au Directoire exécutif, les derniers exploits de ses lieutenants :

« Le général Davout trouva et dissipa, les 14 et 19 nivôse, des rassemblements de *paysans* à Soheidje et à Tahhtah: *il massacra dans ces deux affaires plus de deux mille hommes.*

« Le 3 pluviôse, au village de Samboud, une centaine d'Arabes et de paysans *furent massacrés*; le reste s'éparpilla et fuit dans le désert.

« Le chef de brigade Conroux, avec la 61ᵉ, fut attaqué à Qénéh, le 22 pluviôse, par cinq à six cents Arabes : *il joncha le champ de bataille de morts.*

« Le général Friant marcha, le 24 pluviôse, à Samathah, où il savait que se réunissaient les Arabes d'Yambo : *il leur tua deux cents hommes.* »

Mais, comme il n'y avait pas suffisamment de sang versé, l'homme d'Etat sage et humain, qui ne faisait rien à demi, parce qu'il ne saisissait pas la vérité à demi, et qui avait, on ne saurait trop le répéter, le goût des grandes ressources et pas du tout celui du sang, — mit en campagne le général Marmont : « Vous pouvez, lui écrit-il, vous porter avec une partie de vos forces sur Mariout et *détruire ces maudits Arabes.* »

Qu'on ne vienne donc pas nous dire, après cela, que l'académicien-historien Thiers n'est pas fondé à écrire qu'il n'y a pas un des pays traversés par ses armées que la France n'ait laissé meilleur et plus éclairé !

En même temps que Marmont reçoit l'ordre de détruire les maudits Arabes, le divan du Caire reçoit l'invitation de faire connaître au grand homme les malintentionnés et ceux qui seraient rebelles à sa volonté : « Dieu, écrit le héros cher à la paix et à la victoire, Dieu m'a donné la force pour les punir, et ils doivent savoir que mon bras n'est pas faible ! »

Encore une fois, comme voilà bien la preuve que ce futur monarque civilisateur était bien le meilleur et le plus doux des hommes ; qu'il ne savait pas punir ; qu'il n'était pas seulement grand : il était bon, sensible, quelquefois jusqu'à la faiblesse ! et ce qui le prouve incontestablement, c'est son amour des fusillades, comme l'atteste le billet ci-après :

« *Au général Dugua* (1).

« Vous ferez *fusiller*, citoyen général, le « nommé Joseph, natif de Cherkem, près la mer « Noire, et le nommé Sélim, natif de Constanti- « nople, tous deux détenus à la Citadelle.

« Bonaparte. »

Pour quelle cause? le guerrier invincible et sage, chantre de ses propres exploits dans ses bulletins, n'en parle pas. L'ordre de fusiller les nommés Joseph et Sélim est adressé au général Dugua, cela suffit, il sera exécuté : l'esclave est un serviteur qui ne discute point et se soumet à tout sans murmurer. Et d'ailleurs, le héros de l'avenir n'a-t-il pas posé pour règle que « l'on est aussi coupable d'obéir à ceux qui n'ont pas le droit de commander, que de désobéir à ses chefs légitimes ? »

De son côté, le général Lanusse, qui s'était déjà signalé fréquemment par des exploits de ce genre, reçoit de son chef légitime l'ordre de se porter au village de ..... et de le brûler, ainsi que le village de Zaïra.

---

(1) Cette lettre a été omise dans la *Correspondance de Napoléon Ier*, publiée en 1860 par ordre de Napoléon III. Elle est datée du Caire, 10 messidor an VII (28 juin 1799).

D'où l'on peut conclure qu'il est incontestable que l'historien-académicien Thiers a mille fois raison d'écrire qu'il n'y a pas un des pays traversés par ses armées, que la France n'ait laissé meilleur et plus éclairé, et que la manière de parvenir à ce but est de tuer et de brûler partout.

XXIII

TRAITE DES NÈGRES ET IMPOTS

Fier d'avoir porté sa torche civilisatrice dans toutes les parties de l'Egypte, le futur monarque civilisateur écrit au Directoire exécutif, à Paris, le 28 juin 1799, quatorze jours après sa rentrée au Caire :

« La campagne de Syrie a eu un grand résultat : nous sommes maîtres de tout le désert, et nous avons déconcerté, pour cette année, les projets de nos ennemis. Notre situation est très rassurante, mais si vous voulez que nous nous soutenions, il nous faut, d'ici en pluviôse, *six mille hommes de renfort*. Si vous nous en faites passer *en outre quinze mille*, nous pourrons aller partout, même à Constantinople (1). »

(1) Quatre mois avant la campagne de Syrie, Bonaparte avait écrit au Directoire exécutif : « Faites-nous passer, si vous le pouvez, 1,500 hommes de hussards ou de chasseurs, avec leurs selles et brides, bien armés ; 10,000 fusils, 2,000 sabres, 3,000 paires de pistolets, 2,000 selles et 3,000 carabines de hussards. » (Lettre de Bonaparte au Directoire exécutif du 7 octobre 1798, t. V, p. 55.)

En attendant l'arrivée de ce petit renfort de vingt et un mille hommes, le monarque civilisateur continue la traite des nègres, et charge son collègue le sultan du Darfour, Abd-El-Rahman, de remplir un rôle analogue à celui qu'il a donné, le 22 juin 1799, au général Desaix. Il écrit à ce sultan, le 30 du même mois :

« Au nom de Dieu clément et miséricordieux!

« Il n'y a d'autre Dieu que Dieu, et Mahomet est son prophète.

« Je vous prie de m'envoyer par la première caravane deux mille esclaves noirs ayant plus de seize ans, forts et vigoureux. *Je les achetterai pour mon compte.* Ordonnez à votre caravane de venir de suite, et de ne pas s'arrêter en route (1). »

Dans son *Examen du Prince de Machiavel*, le roi Frédéric-le-Grand fait, au sujet de ce trafic d'hommes, qui se pratiquait également de son temps, une remarque fort curieuse et pleine de sens, que nous croyons devoir reproduire et que

---

(1) La veille, Bonaparte avait écrit à l'administrateur Poussielgue :

« Je vous prie, citoyen, de me faire connaître l'âge des « trois esclaves mâles arrivés ces jours derniers de la « Haute-Egypte : je désire les acheter. » (*Correspondance de Napoléon I*er, publiée par ordre de l'empereur Napoléon III, t. V, p. 627.)

nous avons cherchée vainement dans les trente volumes de l'académicien qui a écrit que les juges qui voient dans cet acheteur d'esclaves noirs un homme de génie n'y voient pas tout : « il faut y reconnaître, déclare-t-il, un des esprits les plus sensés qui aient existé... » Voici cette remarque du roi-philosophe :

« L'institution du soldat, dit Frédéric-le-Grand, est pour la défense de la patrie : les louer à d'autres, comme on vend des dogues et des taureaux pour le combat, c'est ce me semble, pervertir à la fois le but du négoce et de la guerre. On dit qu'il n'est pas permis de vendre les choses saintes : hé! qu'y a-t-il de plus sacré que le sang des hommes ? »

C'est par un négoce de ce genre, c'est par l'achat de deux mille hommes forts et vigoureux, que le plus grand législateur, que l'homme prodigieux, qui a dépassé toute grandeur connue, ainsi que le prétend l'académicien Thiers, complète ses glorieux travaux de la seconde quinzaine de juin 1799, après son retour au Caire et les merveilleux événements de la campagne de Syrie.

Dans la première quinzaine du mois de juillet de la même année, le général Marmont a l'honneur de fixer le premier la pensée du guerrier invincible et sage, né pour gouverner, et qui ne parlait de l'effusion du sang humain qu'avec une extrême horreur. Le héros du Nil écrit à Marmont :

« Les Ouâdy sont venus me trouver. Quoique *ces scélérats* eussent bien mérité que je profitasse du moment pour les faire fusiller, j'ai pensé qu'il était bon de s'en servir contre la nouvelle tribu, qui paraît décidément être leur ennemie. »

En conséquence, *ces scélérats* viennent grossir l'armée qui ne savait que se dévouer et mourir pour l'existence ou la grandeur de la France. Le héros qui nous a laissé avec la gloire la semence des héros, comme l'écrivait en 1855 l'académicien Thiers, place *ces scélérats* sous les ordres du brave général Murat, auquel il prescrit de rester huit à dix jours dans le Bahyreh, pour détruire les Arabes et aider le général Destaing à soumettre entièrement cette province : « *Mon intention, écrit ce héros incomparable, est que tous les Arabes soient chassés au delà de Marcouf.* »

Telle était, le 1ᵉʳ juillet 1799, la volonté de cet « homme prodigieux, vif, impérieux par caractère et devenu tellement absolu, par habitude de commander, qu'on n'osait déjà plus lui résister », ainsi que le reconnaît son historien, l'académicien Thiers (t. XII, p. 90).

Deux jours après, cet homme d'Etat sage et humain, à l' « imagination grandiose », comme le reconnaît encore l'académicien Thiers, au tome XIII, page 108, de sa précieuse histoire, tire d'embarras le malheureux général Reynier, qui ne savait comment faire rentrer les contributions :

« Le seul moyen, qui vient de réussir parfaitement au général Rampon et qui lui a fait lever en très-peu de temps cent chevaux et tout le myry du Kelioubech, lui écrit l'homme providentiel qui devinait tout et ne tenait compte de rien : *c'est d'arrêter les cheiks qui ne payent pas, et de les tenir en otages jusqu'à ce qu'ils aient donné de bons chevaux et payé le myry.* Avec votre infanterie et votre pièce de canon, vous en avez autant qu'il vous en faut pour ne pas vous détourner un instant de l'importante affaire de la levée du myry. »

Et pendant que le général Reynier fait arrêter les cheiks des villages qui ne payent pas les contributions, son illustre chef, l'homme prodigieux de l'historien Thiers, fait abattre la tête d'un gouverneur, sur un simple *on dit*. Le général Dugua reçoit l'ordre ci-après, le 8 juillet 1799 :

« Vous ferez, citoyen général, *trancher la tête*
« *à* ABDALLA-AGA, ancien gouverneur de Jaffa,
« détenu à la citadelle. D'après ce que m'*ont dit*
« les habitants de Syrie, c'est un monstre dont il
« faut délivrer la terre.

« BONAPARTE. »

La tête du gouverneur de Jaffa étant tombée, il faut encore au meilleur et au plus doux des hommes, qui avait incontestablement, comme nous l'assure l'académicien Thiers, le goût des grandes ressources et *pas du tout celui du sang*, il faut au guerrier illustre, si sage et si humain, la tête de Mourad-Bey :

« Si le bonheur eût voulu que vous fussiez resté vingt-quatre heures de plus au lac Natron, écrit-il, le 12 juillet 1799, au général Murat, il est très-probable que vous nous apportiez sa tête... Le général qui aura *le bonheur de détruire Mourad-Bey* aura mis le sceau à la conquête d'Egypte : je désire bien que le sort vous ait réservé cette gloire. »

Cela ne prouve-t-il pas que l'homme qui a dépassé toute grandeur connue et qui a été, selon l'académicien Thiers, un des esprits les plus sensés qui aient existé, ne parlait de l'effusion du sang humain qu'avec horreur ?

Ce même jour, 12 juillet 1799, l'infatigable général Dugua reçoit de l'infatigable héros du Nil, qui avait « la modération d'un grand homme » (Thiers, t. XVII, p. 845), la note suivante, qu'on ne trouve pas dans la volumineuse histoire de l'académicien Thiers :

« *Au général Dugua*.

« Vous ferez *fusiller*, citoyen général, les

« nommés Hasson, Jousset, Ibrahim, Saleh,
« Mahomet, Beckir, Hadj-Saleh, Mustapha, Mo-
« hamel, *tous Mameluks*.

« BONAPARTE. » (1)

Tous Mameluks!.. ils méritent la mort. Soit. Mais en vertu de quelle législation ?

Un éminent jurisconsulte, M. Teulet, prétend que la rigoureuse justice exigerait que les pirates fussent traités comme tous les autres prévenus de crime, qui ne doivent être mis à mort qu'après une procédure régulière faite devant des juges compétents, et en vertu d'une sentence rendue, après vérification des faits, dans la forme de droit.

Traiter des Mameluks plus sévèrement que des pirates, c'est-à-dire les faire fusiller sans aucune forme de droit, c'est, selon l'académicien Thiers, avoir l'effusion du sang humain en horreur et se conduire comme un véritable envoyé de la Providence.

Le jour suivant, la modération de cet envoyé de la Providence, qui excite l'admiration ardente de l'académicien Thiers, inspire au héros du Nil

---

(1) Quatre ans après, il écrira : « J'aime les Mameluks, parce qu'ils sont braves, et surtout les Mameluks de Mourad-Bey... » (Lettre de Bonaparte à Talleyrand, du 24 novembre 1803, t. IX, p. 136.)

et de notre belle France, une nouvelle note ainsi conçue :

« Au Caire, le 25 messidor, an VII (13 juillet 1799).

« *Au général Dugua.*

« Vous ferez *fusiller*, citoyen général, les
« nommés Lachin et Emir Mahamet, Mameluks.
« Vous ferez tenir en prison, jusqu'à nouvel
« ordre, les nommés Chain, Daoud, Selim-Ali,
« Sélim, Saleh, autres Mameluks.
« Quant à ce dernier, on attendra, pour pro-
« noncer sur son sort, l'arrivée du chef de batail-
« lon Destrées, afin de vérifier les faits qu'il a
« avancés.
« Bonaparte. »

Et, en attendant que, prisonnier lui-même, cet homme prodigieux, qui, hélas! était si sage, si bien pensant, quand il s'agissait de juger les passions des autres, se souvienne que les droits des nations civilisées, sur un prisonnier de guerre, sont bornés par le droit des gens, et que, dans la guerre même, on considère la mise à mort d'un ennemi désarmé, comme un acte de déloyauté et de barbarie, — Bonaparte ordonne, de Terraneh, le 17 juillet 1799, de faire « *fusiller les prisonniers qui se permettront le moindre mouvement.* »

En présence de tous ces faits, qui ont été omis, il est vrai, par l'historien de la Révolution, du Consulat et de l'Empire, l'admiration ardente de l'académicien Thiers, pour le héros du Nil, n'est-elle pas entièrement et complètement justifiée?

Un homme qui, par ruse ou violence, parviendrait à s'emparer de la personne d'un autre, qui l'entraînerait de force dans sa maison ou sur son champ où il le contraindrait à coups de fouet à travailler pour lui, ne serait pas jugé par un moraliste autrement que comme un brigand qu'il est urgent de réprimer : jugé par l'historien Thiers, un pareil homme doit être regardé comme « un des plus grands génies de l'humanité » (tome XVI, p. 166), ou plutôt comme « un monarque civilisateur » (tome XX, p. 649).

XXIV

EFFETS DU FANATISME

Au milieu des soins dont il est occupé et des projets qu'il a formés pour organiser en Egypte une administration toute française, le héros du Nil, malgré « sa prodigieuse sagacité », n'est nullement fixé dans ses idées. Tandis qu'il a l'air de vouloir rester en Egypte, il écrit à son frère Joseph :

« Je pense être en France dans deux mois ; fais en sorte que j'aie une campagne à mon arrivée, soit près de Paris ou en Bourgogne : je compte y passer l'hiver. »

Et presque aussitôt, le chantre de ses propres exploits dans ses bulletins, écrit au divan de Rosette :

« Depuis assez longtemps, l'Egypte a été au pouvoir des Mameluks et des Osmanlis, qui ont tout détruit et tout pillé. Dieu l'a mise en mon pouvoir, afin que je lui fasse reprendre son ancienne splendeur. Pour accomplir ses volontés, il m'a donné la force nécessaire pour anéantir tous nos ennemis. *Je désire que vous teniez note de tous les hommes qui, dans cette circonstance, se conduiront mal, afin de pouvoir les châtier exemplairement.* »

Ce langage diffère un peu de celui qu'on lit dans le Code théodosien :

« Si l'un de nos sujets, disait l'empereur Théodose, foulant aux pieds tout sentiment de respect et de retenue, diffame notre nom et s'emporte jusqu'à décrier notre gouvernement, nous voulons qu'il échappe aux coups des lois et qu'il ne soit victime d'aucune mesure rigoureuse. Si la légèreté a dicté ses paroles, il faut le plaindre ; si c'est la malveillance, il faut lui pardonner. »

L'un des fils de Théodose, Arcadius, empereur de Constantinople, qui mourut détesté, en 408, écrivait à Ruffin, préfet du prétoire :

« Si quelqu'un parle mal de notre personne ou de notre gouvernement, nous ne voulons point le punir : s'il a parlé par légèreté, il faut le mépriser ; si c'est par folie, il faut le plaindre ; si c'est une injure, il faut lui pardonner. »

Et à la fin du xviiie siècle, le guerrier si sage, si bien pensant, quand il s'agissait de juger les passions des autres, le génie extraordinaire dont l'académicien Thiers devait de nos jours organiser l'apothéose et déifier la mémoire, n'entendait pas qu'on se permît un mot, une parole, un signe, un mouvement ! il fallait qu'on lui signalât les hommes qui se conduisaient mal, afin qu'il pût les *châtier exemplairement*, c'est-à-dire leur faire trancher la tête ou les faire fusiller !

N'est-ce pas là l'acte d'un fougueux fanatique ? Croire que l'opinion d'autrui doit être conforme à la sienne est un absurde délire ; mais y commander le glaive et la flamme à la main, n'est-ce pas l'atrocité la plus farouche qui ait pu sortir de la tête des monstres les plus dépravés ?

Pour l'académicien Thiers, qui, « en historien sincère, aimant son pays plus que chose au monde, mais pas jusqu'à lui sacrifier la vérité » (t. XII, p. 462) ; pour l'académicien Thiers qui a composé la « glorieuse histoire » de ce fougueux fanatique, une telle fureur s'appelle la « modération d'un grand homme », et cet historien sincère n'a pas un mot de blâme pour les atrocités farouches commises au Caire par le héros du Nil !

Mais voici que les choses se gâtent, et qu'un mois après avoir annoncé au Directoire exécutif qu'il avait déconcerté, pour une année, les projets de ses ennemis, de nombreuses troupes viennent l'attaquer :

« Quatre-vingts bâtiments gros ou petits, écrit le guerrier invincible au divan du Caire, se sont présentés pour attaquer Alexandrie ; mais ayant été accueillis par des bombes et des boulets, ils ont été mouiller à Aboukir, où ils commencent à débarquer. Je les laisse faire, parce que mon intention est, lorsqu'ils seront tous débarqués, de les atteindre, de tuer tout ce qui ne voudra pas se rendre, et de laisser la vie aux autres pour les mener prisonniers, ce qui fera un beau spectacle pour la ville du Caire.

« Ce qui a conduit cette flotte ici, continue le chantre de ses propres exploits, est l'espoir de se réunir aux Mameluks et aux Arabes, pour piller et dévaster l'Egypte. Il y a sur cette flotte des Russes, qui ont en horreur ceux qui croient à l'unité de Dieu, parce que, selon leurs mensonges, ils croient qu'il y en a trois. Mais ils ne tarderont pas à voir que ce n'est pas le nombre des dieux qui fait la force, et qu'il n'y en a qu'un seul, *père de la victoire*, clément et miséricordieux, combattant toujours pour les bons, confondant les projets des méchants, et qui, dans sa sagesse, *a décidé que je viendrais en Egypte, pour en changer la face et substituer à un régime dévastateur un régime d'ordre et de paix*. Il donne par là une marque de sa haute puissance ; car ce que n'ont jamais pu faire ceux qui croient à trois dieux, nous l'avons fait, nous, qui croyons qu'un seul gouverne la nature et l'univers. »

Toutefois, malgré cette confiance apparente dans le père de la victoire et dans la haute puissance du Dieu de Mahomet, le sultan Kébir, le favori du grand Allah, l'envoyé de la Providence, l'idole de l'historien Thiers, laisse percer sa fiévreuse et secrète inquiétude dans les lignes suivantes, adressées au général Marmont, gouverneur d'Alexandrie :

« Gardez-vous ! lui écrit le héros du Nil, gardez-vous avec la plus grande vigilance ; ne dormez que de jour, etc. Si d'Aboukir les ennemis vous écrivent pour vous sommer de vous rendre, faites beaucoup d'honnêtetés au parlementaire ; faites-lui sentir que l'usage n'est pas de rendre une place avant qu'elle soit investie ; que, s'ils l'investissent, alors vous pourrez devenir plus traitable ; poussez cette négociation aussi loin que vous le pourrez, car je regarderais *comme un grand bonheur* si la facilité avec laquelle ils ont pris Aboukir pouvait les porter à vous bloquer : *ils seraient alors perdus.* »

L'ennemi ne tomba pas dans ce piège, mais il ne fut pas moins chassé d'Aboukir et jeté à la mer : « L'ennemi, écrit le chantre de ses propres exploits au général Reynier occupé à l'importante affaire de la levée du myry, l'ennemi avait débarqué quinze mille hommes à Aboukir, pas un ne s'est échappé ; plus de huit mille hommes se sont noyés en voulant rejoindre les bâtiments, leurs cadavres ont été jetés sur la côte, au même endroit où furent, l'année dernière, jetés les cadavres anglais et français. »

A la suite de cette victoire, que l'histoire a enregistrée sous le nom de bataille d'Aboukir, pour effacer le souvenir du désastre naval d'Aboukir, le conquérant sans modération et sans mesure rentre au Caire, et écrit au citoyen Poussielgue, administrateur des finances :

« Vous voudrez bien, citoyen administrateur, faire signifier à la femme de Hassan-Bey que, si, dans la journée de demain, elle n'a pas payé ce qui reste dû de sa contribution, *elle sera arrêtée et tous ses effets seront confisqués.* »

Puis, une espèce de réminiscence traverse l'esprit du héros du Nil, « toujours juste par génie, quand il n'était pas injuste par colère ou par calcul », et, bien qu' « admirable de désintéressement », il ajoute :

« Les juifs n'ont encore payé que *vingt mille francs :* il faut que, dans la journée de demain, ils en payent *trente mille autres.* »

Mais ces sommes ne sont pas suffisantes au héros du Nil, dont le tact était si sûr. N'avait-il pas à pourvoir aux besoins de la sultane Kébir, qui gémissait de ne pouvoir le rendre père ? Ce nouveau Marc-Aurèle de l'académicien Thiers ne devait-il pas payer l'honorable complaisance de l'officier qui lui avait cédé sa femme ? Il écrit donc en même temps au général Dugua :

Vous ferez, citoyen général, interroger tous les cheiks-el-beled, qui sont à la Citadelle, pour savoir pourquoi ils ne payent pas leurs contributions ; vous leur ferez connaître que, si, dans cinq jours, ils ne les ont pas payées, ils payeront un tiers en plus ; et que, si, dans quinze jours, ils n'ont pas payé ce tiers et l'imposition, ILS AURONT LE COU COUPÉ.

Au moment où le « maître du monde », comme l'appelle encore l'académicien Thiers (t. XIV, p. 606), donnait cet ordre au général Dugua, il y avait dix ans que Mirabeau avait déclaré, à la tribune française, que « la force n'est qu'un brigandage, lorsqu'on l'emploie pour arracher des contributions. »

Mais qu'importe ! Est-ce que l'impunité n'était pas assurée au vainqueur de l'Orient, « toujours juste par génie ? » Est-ce que l'historien, qui devait un jour faire l'apologie des brigandages du héros du Nil n'était pas né depuis deux ans ? Il ne dira pas moins, malgré ces incroyables forfaits, qu'il ne faut pas rabaisser ce maître du monde, toujours juste par génie ; car ce serait abaisser la nature humaine que d'abaisser le génie prodigieux auquel l'adjudant-général Valentin écrivait de Rosette, le 11 août 1799, douze jours avant son départ d'Egypte pour rentrer en France :

« Le général Menou m'a fait part de votre in-
« tention sur OSMAN-KOGGIA, ancien commandant
« de Rosette. D'après cela, *j'ai ordonné qu'on*

« *lui coupât la tête*, aujourd'hui, à trois heures
« de l'après-midi. »

Non, il n'y a plus d'honneur dans le monde, si de telles choses ne sont pas punies d'une éclatante réprobation. Mais à quoi bon s'emporter :

Des fureurs des humains, c'est ce qu'on doit attendre !

XXV

ABANDON DE L'ARMÉE D'ÉGYPTE

Il restait encore un homme dont l'existence inquiétait le héros de l'académicien-historien Thiers, un homme dont le guerrier invincible et sage aurait bien voulu avoir la tête ! Et il écrit au général Desaix, le 15 août 1799 :

« Je vous fais connaître que vous pouvez rentrer dans vos positions de la Haute-Egypte et *détruire Mourad-Bey*. Je vous laisse le maître de lui accorder toutes les conditions de paix que vous croiriez utiles. Je lui donnerai son ancienne ferme près de Gyzeh ; mais il ne pourrait jamais avoir avec lui plus de dix hommes armés ; *mais si vous pouviez nous en débarrasser, cela vaudrait beaucoup mieux que tous ces arrangements.* »

Cependant, il ne faut pas croire que le guerrier invincible et sage, qui est, selon l'historien Thiers (t. VIII, p. 157), « le plus grand homme des temps modernes », ait été ennemi des arrangements. Il les aimait beaucoup, au contraire, mais à sa manière. Voici comment il procédait :

« Vous ferez venir chez vous, écrit-il, le 17 août 1799, au gouverneur d'Alexandrie, les négociants toscans et impériaux qui ont plus de vingt mille aunes de drap de toutes les couleurs à Alexandrie ou à Rosette. Vous leur ferez connaître que j'ai besoin de vingt-quatre mille aunes de drap pour habiller mon armée. Si ces messieurs faisaient les récalcitrants, vous ferez mettre le scellé sur leurs effets, papiers et maisons ; vous les ferez mettre dans une maison de sûreté ; vous ferez abattre les armes de l'empereur et celles de Toscane et vous en donnerez avis à l'ordonnateur de la marine, pour qu'il confisque tous les bâtiments appartenant aux impériaux, Toscans et Napolitains... »

C'est ainsi que ce maître du monde, toujours juste par génie, quand il n'était pas injuste par colère ou par calcul, comprenait les arrangements et entendait la liberté du commerce : sa volonté ou la prison, la ruine ou la mort ! Telle était la manière de voir de l'homme prodigieux qui a dépassé toute grandeur connue, et qui, « sachant se rendre justice, comme le fait remarquer l'académicien Thiers (t. XVI, p. 635), il la rendait parfaitement aux autres. »

A peine cet excellent juge et ce sage guerrier a-t-il achevé de tracer ces lignes pour l'achat de vingt-quatre mille aunes de drap, qu'il forme le projet de quitter l'Egypte :

« Je pars demain matin avant le jour, citoyen administrateur, écrit-il au citoyen Poussielgue, le 17 août 1799, dans ce style grave et sublime qui appartient à l'âme et au génie : je vous recommande de pousser vivement ce qui concerne la rentrée des fermages et autres impositions. Je recommande au général Dugua de frapper ferme au premier événement, qu'il fasse *couper six têtes par jour*; MAIS RIEZ TOUJOURS ! »

« RIEZ TOUJOURS ! » Et l'homme d'Etat sage et humain, au style grave et sublime, qui ne parlait de l'effusion du sang humain qu'avec horreur, comme l'affirme l'académicien Thiers, riant toujours, écrit ce même jour, 17 août 1799, au divan du Caire :

« Au nom de Dieu clément et miséricordieux !

« Je pars demain pour me rendre à Menouf.... Je vous recommande de maintenir la confiance parmi le peuple. Dites-lui souvent que j'aime les Musulmans, et que mon intention est de faire leur bonheur. Faites-leur connaître que j'ai pour conduire les hommes les plus grands moyens : la persuasion et la force; qu'avec l'une, je cherche à faire des amis, et qu'avec l'autre, je détruis mes ennemis. »

Le même jour, ce guerrier illustre, dont la la modération, dit l'historien Thiers, faisait le caractère essentiel de sa politique, écrit au grand-vizir de la Sublime-Porte, à Constantinople :

« Mon armée est forte, parfaitement disciplinée et approvisionnée de tout ce qui peut la rendre victorieuse des armées, fussent-elles aussi nombreuses que les sables de la mer ; des citadelles et des places fortes hérissées de canons se sont élevées sur les côtes et sur les frontières du désert: je ne crains donc rien, et *je suis ici invincible*, mais je dois à l'humanité, à la vraie politique, au plus ancien comme au plus vrai des alliés, la démarche que je fais.

« Ce que la Sublime-Porte n'obtiendra jamais par la force des armes, elle peut l'obtenir par une négociation. Je battrai toutes les armées, lorsqu'elles projetteront l'envahissement de l'Egypte; mais je répondrai d'une manière conciliante à toutes les ouvertures des négociations qui me seront faites.

« La République française, dès l'instant que la Sublime-Porte ne fera plus cause commune avec nos ennemis, la Russie et l'Empereur, fera tout ce qui sera en elle pour rétablir la bonne intelligence et lever tout ce qui pourra être un sujet de désunion entre les deux Etats.

« Cessez donc, poursuit le héros du Nil, cessez donc des armements dispendieux et inutiles ; vos ennemis ne sont pas en Egypte, ils sont sur le Bosphore, ils sont à Corfou, ils sont aujourd'hui, par votre extrême imprudence, au milieu de l'Archipel.

…bez et réarmez vos vaisseaux ; reformez vos équipages ; tenez-vous prêt à déployer bientôt l'étendard du prophète, non contre la France, mais contre les Russes et les Allemands, qui rient de la guerre que nous nous faisons, et qui, lorsque vous aurez été affaibli, lèveront la tête et déclareront bien haut les prétentions qu'ils ont déjà. »

Et, oubliant qu'il avait écrit d'Italie, le 13 septembre 1797, au ministre des relations extérieures, *qu'il fallait nous emparer de l'Egypte ;* le héros du Nil ajoute, dans sa lettre au grand-vizir du 17 août 1799 :

« Vous voulez l'Egypte, dit-on, mais *l'intention de la France n'a jamais été de vous l'ôter.* Dites un mot, nous fermons la mer Noire à la Russie, et nous cesserons d'être le jouet de cette puissance ennemie, que nous avons tant de sujets de haïr, et je ferai tout ce qui pourra vous convenir.

« Ce n'est pas contre les Musulmans que les armées françaises aiment à déployer et leur tactique et leur courage, mais c'est, au contraire, réunies à des Musulmans, qu'elles doivent un jour, comme cela a été de tout temps, chasser leurs ennemis communs… Quant à moi, conclu Bonaparte, je tiendrai pour le plus beau jour de ma vie celui où je pourrai contribuer à faire terminer une guerre à la fois impolitique et sans objet. »

Cinq jours après, cet ami des Musulmans écrit de nouveau au divan du Caire, pour lui annoncer que tant qu'il n'aura pas frappé, lui, guerrier invincible, un coup qui écrase à la fois tous ses ennemis, « il ne pourra pas jouir tranquillement et paisiblement de la possession d'Egypte, la plus belle partie du monde ! »

Pour frapper ce coup terrible, qui doit anéantir tous ses ennemis et lui assurer la paisible jouissance de sa conquête, le favori du grand Allah, le guerrier invincible et sage, qui ne faisait rien à demi et ne promettait rien en vain, quitte le lendemain la terre d'Egypte :

« Les nouvelles d'Europe, dit le héros du Nil dans ses adieux à l'armée française, m'ont décidé à partir pour la France. Je laisse le commandement de l'armée au général Kléber. L'armée aura bientôt de mes nouvelles ; je ne puis pas en dire davantage. Il m'est pénible de quitter des soldats auxquels je suis le plus attaché ; mais ce ne sera que momentanément, et le général que je leur laisse a la confiance du gouvernement et la mienne. »

Et comme, après un tour si habilement, si artistement joué, le héros du Nil ne saurait perdre une si belle occasion de rire, il ne laisse pas un sou dans la caisse de l'armée, et écrit au nouveau commandant en chef de l'armée d'Orient, avant de s'embarquer pour l'Europe :

« J'avais déjà demandé plusieurs fois *une troupe de comédiens :* je prendrai un soin particulier de vous en envoyer. Cet article est très important pour l'armée et pour commencer à changer les mœurs du pays (1). »

Il n'y a réellement qu'un homme capable d'exciter l'admiration de l'académicien Thiers, pour avoir des idées semblables. Quoi ! une troupe de comédiens pour régénérer un pays ? La comédie nous apprend à nous moquer d'autrui, et rien de plus.

Et dans quel moment le héros de notre historien national parlait-il d'envoyer une troupe de

(1) Cet envoi n'a pu avoir lieu malgré les ordres donnés par Bonaparte, qui écrit de Paris, le 15 novembre 1799, au ministre de l'intérieur : « Les consuls de la République me chargent, citoyen ministre, de vous inviter à vous occuper de suite des moyens de rassembler une troupe de comédiens pour l'Egypte. Il serait bon qu'il y eût quelques danseuses. Le ministre de la marine vous fournira les moyens de transport. »

Le 22 décembre 1800, Bonaparte renouvelle ses ordres pour l'envoi de comédiens : « Je désirerais, citoyen ministre, écrit-il à Chaptal, envoyer en Egypte une troupe de comédiens français ; l'état de prospérité dans lequel se trouve l'armée d'Orient, l'oisiveté où elle est dans la grande ville du Caire, rendent cet objet qui, au premier aspect, paraît futile, nécessaire, même sous le point de vue politique.

« On pourrait trouver à Marseille et à Toulon suffisamment d'artistes. Il faudrait donc que vous fissiez choix d'un comédiens en Egypte? Au moment où les lettres qu'il recevait de tous côtés lui annonçaient unanimement des insurrections partielles, des menaces d'invasion, une pénurie extrême dans les finances.

L'administrateur des finances, Poussielgue, celui-là même à qui l'homme d'État sage et humain avait écrit de rire toujours, en l'informant qu'il recommandait au général Dugua de couper six têtes par jour, lui mandait : « Ce qui me tourmente le plus, c'est de ne voir aucune ressource pécuniaire pour l'armée, personne ne paie ! »

directeur discret qui se chargeât de se rendre à Toulon, d'y former la troupe et de la conduire. Je ne regretterais pas pour cet objet l'emploi d'une somme de 40,000 fr. Il y a au Caire et à Alexandrie des salles de spectacle que l'on a fait construire. Nul doute que les artistes n'y fassent bien leurs affaires.

« La plus grande difficulté pour cet objet est le secret dont il faut couvrir le plus possible cet envoi d'artistes. »

Par une lettre du même jour, 22 décembre 1800, Bonaparte prescrit au ministre de la guerre Berthier de recommander au général Brune, commandant en chef l'armée d'Italie, de tâcher aussi d'envoyer en Egypte une troupe de chanteurs et de danseurs italiens. « Il est autorisé à dépenser pour cet objet 40 ou 50,000 francs. Dans un pays où les mœurs sont si différentes des nôtres, c'est un véritable secours qu'un objet de divertissement. » (*Correspondance de Napoléon I*er, publiée par ordre de Napoléon III, tome VI, pages 11, 681 et 684.)

L'ordonnateur Daure lui écrivait, huit jours avant son départ : « L'entrepreneur de vivres-viande réclame le paiement de sa fourniture ; je n'ai pu lui donner que très peu de fonds ; il a fait des avances considérables. »

Dans une autre dépêche, on lit qu'Ibrahim-Bey était campé à Gaza avec beaucoup de troupes ; que Djezzar-Pacha armait à force et préparait une expédition considérable contre l'Egypte, qu'il cherchait à détourner tous les Arabes de l'Egypte de notre parti et à soulever les habitants.

Poussielgue, administrateur des finances, écrit de nouveau six jours avant le départ du héros du Nil : « Hier, jai été voir le cheik Sadat qui n'a d'autre peur que de voir revenir les Mameluks. »

A la date du 18 août 1799, le général Dugua écrit du Caire à Bonaparte : « J'apprends à l'instant qu'il y a eu grande rumeur ce matin à l'Institut, où l'on a dit, très-haut, que vous étiez parti pour aller en France ; que vous emmeniez Monge, Berthollet, Berthier, Lannes et Murat. Cette nouvelle s'est répandue en un instant dans oute la ville, où je ne serais pas étonné qu'elle produisît un très-mauvais effet, mais j'espère que vous la détruirez. »

Toute la correspondance que Bonaparte recevait au moment de son départ d'Egypte était dans son armée, déclare formellement le général Bernadotte, au moment le plus critique. »

Et Bernadotte a raison, car cette désertion a eu lieu au moment où l'on criait hautement dans les rues du Caire : « Aux armes! Musulmans, le moment est arrivé de vous débarrasser de ces chiens de Français ! »

Dans le précieux *Recueil des pièces officielles*, par Frédéric Schoël, on lit (t. II, p. 425) :

« Les liens de famille ont été fort utiles à Bonaparte, lors de son retour d'Egypte ; car ils empêchèrent le général Bernadotte d'employer son influence pour qu'il fût traduit en justice et puni exemplairement comme il le méritait. »

Ensuite, est-il vrai, comme le prétend l'historien Duruy, que l'armée d'Egypte n'avait plus rien à faire et que cette inaction pesait à Bonaparte? La note ci-après, du directeur du génie Sanson, va répondre à cette question :

Tableau des fonds nécessaires pour activer les travaux des fortifications de la direction du Caire d'ici au 30 fructidor (Du 12 août au 15 septembre 1799).

Citadelle du Caire	7.000 fr.
Chemin du fort Dupuy au fort Sulkowsky....	1.200 »
Fort Sulkowsky........................	8.000 »
Fort de l'Institut.......................	15.000 »
Prise d'eau	4.000 »
A reporter........	35.200 »

Report.......	35.200 fr.
Ibrahim-Bey............................	10.000 »
Ile de Rhaouda........................	10.000 »
Gyzeh.................................	6.000 »
Tour en avant d'Ibrahim-Bey	4.000 »
Tour derrière la maison du général en chef...	4.000 »
Birket-El-Hadji........................	2.000 »
Mit-Kamar......	2.000 »
Salahieh	10.000 »
Belbeis	4.000 »
Suez...................................	2.000 »
Maison du général en chef	6.000 »
Ateliers du citoyen Conté................	4.000 »
Magasin général du génie de l'armée.......	10.000 »
Démolitions de maisons pour matériaux.....	6.000 »
En tout........	115.200 »

Au Caire, le 26 thermidor, an VII (12 août 1799).

« Sanson. »

Dans la lettre d'envoi de cette note, le directeur du génie Sanson rappelle à Bonaparte qu'il faut 36,000 fr. pour les travaux de la direction de Damiette et 50,000 fr. pour ceux de la direction d'Alexandrie, pour la deuxième quinzaine d'août et la première quinzaine de septembre 1799 : et l'historien Duruy ose dire que l'armée n'avait plus rien à faire !

Quant aux croisières anglaises, au milieu desquelles Bonaparte franchit audacieusement toute la Méditerranée, elles n'étaient pas bien dangereuses : « Nous n'avons aucune voile à vue, écrit le contre-amiral Ganteaume au général Bonaparte, le 20 juillet 1799. Nos deux éclaireurs, l'*Indépendant* et la *Foudre*, que j'ai fait réappareiller, à dix heures du matin, sont à sept ou huit lieues dans le nord-ouest. Les frégates seront absolument prêtes demain, elles auront tout à bord. Je n'attends plus guère que votre ordre positif. »

Un mois après, le contre-amiral Ganteaume écrit de nouveau au général Bonaparte : « La frégate la *Muiron* est passée ce matin au port neuf, et l'une et l'autre frégates sont entièrement prêtes... Je persiste donc à croire, citoyen général, que *ce moment est un des plus favorables pour exécuter ce que vous avez prescrit.* »

Dans ces circonstances, y avait-il réellement une grande audace à franchir toute la Méditerranée, comme le prétend l'ex-ministre Duruy ?

Tout dissimulé qu'était le vainqueur de l'Orient, il avait parfois plus de sincérité que l'historien de la nouvelle génération ; car il dit au général Menou, en s'embarquant, le 23 août 1799 : « Mon cher, vous autres, tenez-vous bien ici ; si j'ai le bonheur de mettre le pied en France, le règne du bavardage est fini ! »

Pour achever de démontrer le mépris de la vérité historique professé par l'historien de la nouvelle génération, il nous suffira de rappeler quelques passages de la remarquable lettre du général en chef Kléber au Directoire exécutif :

« L'armée, dit-il, est réduite de moitié, et nous occupons tous les points capitaux du triangle des Cataractes à El-A'rych, d'El-A'rych à Alexandrie, et d'Alexandrie aux Cataractes. Cependant, il ne s'agit plus comme auparavant de lutter contre quelques hordes de Mameluks découragés, mais de résister aux efforts réunis de la Porte, des Anglais et des Russes.

« Le dénûment d'armes, de poudre de guerre, de fer coulé et de plomb, présente un tableau tout aussi alarmant que la grande diminution d'hommes dont je viens de parler.

« Les essais de fonderie qui ont été faits n'ont point réussi.

« Les troupes sont nues. Le général Bonaparte avait donné des ordres pour habiller l'armée en drap ; mais, pour cet objet comme pour beaucoup d'autres, il s'en est tenu là ; et la pénurie des finances l'eût d'ailleurs mis dans la nécessité d'ajourner cet utile objet. Il faut en parler de cette pénurie.

« Le général Bonaparte a épuisé toutes les ressources extraordinaires dans les premiers mois de notre arrivée ; il a levé autant de contributions de guerre que le pays pouvait en supporter. Revenir aujourd'hui à ces moyens serait préparer un soulèvement à la première occasion favorable. Cependant le général en chef, à son départ, *n'a pas laissé un sou en caisse*, ni aucun objet équivalent. Il a laissé au contraire *un arriéré de plus de douze millions*. C'est plus que le revenu d'une année dans les circonstances actuelles. La seule solde arriérée de l'armée se monte à quatre millions.

« Quoique l'Egypte soit tranquille en apparence, elle n'est rien moins que soumise. Le peuple, quelque chose que l'on puisse faire, ne voit en nous que des ennemis de sa propriété ; son cœur est toujours prêt à s'ouvrir à l'espoir d'un changement favorable. Les Mameluks sont dispersés, mais ils ne sont pas détruits :

« Mourad-Bey est toujours dans la Haute-Egypte, avec assez de monde pour occuper une partie de nos forces. Malgré la plus grande surveillance, la capitale n'a cessé jusqu'à ce jour de lui procurer des secours en argent et en armes.

« Ibrahim-Bey est à Gaza avec environ deux mille Mameluks. Trente mille hommes de l'armée du grand-vizir et de Djezzar y sont déjà arrivés.

« Telle est la situation dans laquelle le général Bonaparte m'a laissé l'énorme fardeau de l'armée d'Orient. *Il voyait la crise fatale approcher*.

« Alexandrie, poursuit le général Kléber, n'est point une place ; c'est un vaste camp retranché, assez bien défendu à la vérité par une nombreuse artillerie de siège ; mais depuis que nous l'avons perdue, cette artillerie, dans la désastreuse campagne de Syrie, depuis que le général Bonaparte a retiré toutes les pièces de marine pour armer au complet les deux frégates avec lesquelles il est parti, ce camp ne peut plus offrir qu'une faible résistance.

« El-A'rych est un méchant fort, à quatre journées, dans le désert. La grande difficulté de l'approvisionnement ne permet pas d'y jeter une garnison de plus de 250 hommes. Six cents Arabes et Mameluks peuvent intercepter les communications avec Qatyeh; et comme, lors du départ de Bonaparte, cette garnison n'avait pas pour quinze jours de vivres en avance, il ne faudrait pas plus de temps pour l'obliger à se rendre sans coup férir.

« Le général Bonaparte, continue Kléber, s'était fait illusion sur l'effet que devait produire le succès qu'il a obtenu au poste d'Aboukir (1). Il a en effet détruit la presque totalité des Turcs qui avaient débarqué. Mais, qu'est-ce qu'une perte pareille pour une grande nation? Aussi cette victoire n'a-t-elle pas retardé d'un instant, ni les préparatifs, ni la marche du grand-vizir.

« Dans cet état de choses, que puis-je et que

(1) « La veille de la bataille d'Aboukir, Bonaparte s'écria tout à coup, d'un ton d'oracle: « Cette bataille va décider du sort du monde! » (*Vie de Napoléon*, par Walter-Scott, t. VII, p. 173.)

dois-je faire? Je pense, citoyens directeurs, que c'est de continuer les négociations entamées par Bonaparte. Quand elles ne donneraient d'autre résultat que celui de gagner du temps, j'aurais lieu d'en être satisfait. Je connais toute l'importance de la possession de l'Egypte ; mais, depuis la perte de notre marine, tout a changé, et la paix avec la Porte peut seule nous offrir une voie honorable pour nous tirer d'une entreprise qui ne peut plus atteindre le but qu'on avait pu se proposer.

« Dans la détresse où je me trouve, et trop éloigné du centre des mouvements, je ne puis guère m'occuper que du salut et de l'honneur de l'armée que je commande ; heureux si, dans mes sollicitudes, je réussis à remplir vos vœux ; plus rapproché de vous, je mettrais toute ma gloire à vous obéir.

« Au moment où j'écris, conclut le général en chef Kléber, quatorze ou quinze voiles turques sont mouillées devant Damiette avec quinze ou vingt mille hommes de débarquement ; le grand-vizir s'achemine de Damas. Il nous a renvoyé, ces jours derniers, un soldat fait prisonnier à El-A'rych, lui a fait voir tout le camp, et l'a chargé de nous dire de trembler. Est-ce de sa part, ou confiance dans ses forces, ou désir de rapprochement? Quant à moi, il me serait impossible de réunir en ce moment plus de *cinq mille hommes* en état d'entrer en campagne. Nonobstant ce, je tenterai la fortune, si je ne puis parvenir à gagner du temps par des négociations... » (1)

De son côté, le général Dugua, qui avait donné à Bonaparte tant de preuves d'une obéissance aussi aveugle que criminelle, écrit au Directoire exécutif, à Paris :

« J'ai commandé les deux tiers de l'Egypte pendant les expéditions de Syrie et d'Aboukir. Je connais ses produits, ses ressources, la force des places qu'on appelle de guerre, l'esprit des habitants, l'état de l'armée, de ses arsenaux, de nos magasins et de nos finances. Je vais faire passer rapidement sous vos yeux l'aperçu de tous ces objets, et vous jugerez s'il n'est pas instant *que le gouvernement vienne à notre secours.*

« Je ne vous dirai que peu de mots sur le départ du général Bonaparte : il n'a été communiqué qu'à ceux qui devaient en être ; il a été précipité. L'armée est restée treize jours sans général en chef. *Il n'y avait pas un sou dans les caisses ; aucun service n'était assuré.* Je vous avoue, citoyens directeurs, que je ne pouvais croire que le général Bonaparte nous eût abandonnés dans

---

(1) « Le guet-apens de brumaire eût été impossible si les Anglais n'avaient gardé quatre mois la lettre accusatrice que Kléber avait écrite, le 24 septembre 1799, sur la *fuite d'Egypte* et l'abandon, le dénûment où Bonaparte laissait l'armée. » (*Histoire du XIXe siècle,* par J. Michelet, t. III, pag. 2.)

l'état où il nous a laissés, *sans argent, sans poudre, sans boulets, une partie des soldats sans armes, des dettes énormes, plus du tiers de l'armée détruit par la peste, la dyssenterie, l'ophthalmie et les combats. Ce qui reste est presque nu, et l'ennemi est à huit journées de nous.*

« QUELQUE CHOSE QUE L'ON PUISSE VOUS DIRE A PARIS, CONCLUT LE GÉNÉRAL DUGUA, CE TABLEAU N'EST QUE TROP VRAI; VOUS ME CONNAISSEZ INCAPABLE D'EN FAIRE DE FAUX. »

Enfin, l'administrateur général des finances, le citoyen Poussielgue, écrit également au Directoire exécutif, à Paris :

« ..... La caisse de l'armée est complètement vide. Nous avons ici (au Caire) dix mille ennemis cachés pour un ami apparent. Quand nous sommes débarqués, les Egyptiens ont cru, comme nous leur disions, que c'était d'accord avec le grand-seigneur ; aujourd'hui qu'ils sont bien convaincus du contraire, ils se croient, par notre mensonge, autorisés à nous trahir.

« Nous avions, ajoute l'administrateur Poussielgue, trente et un mille hommes sous les armes et bien portants à notre arrivée en Egypte. Aujourd'hui, l'armée, *sans habits, et surtout sans armes et sans munitions*, n'a pas plus de onze mille hommes en état de marcher à l'ennemi. Dans trois mois il faudra passer une seconde fois par l'épreuve de la peste. Cette perspective effrayante abat les courages les plus intrépides. *Il n'est pas un soldat, un officier, un général, qui ne soupire après son retour en France, persuadés, comme ils le sont, qu'ils sacrifient ici inutilement pour leur pays leur santé et leur vie.* »

Et c'est dans ces circonstances désespérées, que l'homme d'Etat sage et humain de l'académicien Thiers écrivait à l'administrateur Poussielgue, qu'il recommandait au général Dugua de couper six têtes par jour, *mais de rire toujours!*

Un pareil résultat doit être suffisant, nous l'espérons, pour déshonorer la guerre de conquête et flétrir dans l'opinion des peuples les conquérants en général, et le héros du Nil en particulier.

CONCLUSION

Il y a près d'un siècle, un véritable homme d'Etat, Mirabeau, disait : « Les troupes réglées et perpétuelles ne sont bonnes qu'à retenir une nation dans les fers et non à la défendre. »

N'est-ce pas là une vérité attestée par l'histoire, par le crime de Brumaire, par les invasions de 1814 et 1815, par l'attentat du Deux-Décembre et par notre désastreuse guerre de 1870-1871 ?

L'influence désorganisatrice du métier des armes n'agit pas seulement sur les individus : elle atteint l'économie des sociétés, dont elle compromet l'ordre et l'existence. Les œuvres du génie militaire s'annoncent au loin par le bouleversement du sol, la stérilité, l'infection. Et c'est en vain que, dans une collision entre le pouvoir et le peuple, on compterait sur l'intelligence des baïonnettes: il n'y a de baïonnettes intelligentes que celles des gardes nationaux ; aussi, les gouvernements à préjugés dynastiques n'en veulent pas. Cette répugnance nous indique tout à la fois le danger et le remède.

Ensuite, est-il possible qu'il existe des conditions de prospérité communes entre la liberté et la profession militaire ?

« Armée et liberté, dit l'éminent publiciste Emile de Girardin, sont deux mots dont l'accouplement est un contre-sens prouvé par l'histoire. »

L'armée prospère dans la guerre : et la liberté dans la paix.

L'armée prospère par les tributs : et la liberté par le travail.

L'armée prospère par les règlements : et la liberté périt par les règlements.

En d'autres termes, le plus grand intérêt de la liberté est de réduire les attributions du pouvoir : et le plus grand de l'armée est de les étendre. L'un des premiers intérêts de l'armée, c'est qu'on n'accorde rien à l'esprit de réforme, parce que, de réforme en réforme, on pourrait finir par arriver jusqu'à l'armée.

D'où l'on peut conclure, avec le jurisconsulte Dunoyer, qu'entre la liberté et la profession des armes, il n'existe point de conditions de prospérité communes, qu'il n'en existe que de contraires, et que les membres de l'armée, loin d'avoir, comme militaires de profession, les intérêts de la liberté à défendre, ont, comme tels, tous les intérêts du despotisme à soutenir.

D'un autre côté, que de prétextes de guerre ne crée-t-on pas par le seul établissement d'une armée dans laquelle chacun a un état à se faire, et où la guerre se présente comme le premier, comme le seul moyen de l'acquérir ?

« Il n'y a, dit Tocqueville, dans son excellent ouvrage de la *Démocratie en Amérique*, qui lui a valu le prix Montyon, il n'y a rien de si dangereux qu'une armée au sein d'une nation qui n'est pas guerrière : l'amour excessif de tous les citoyens pour la tranquillité y met chaque jour la constitution à la merci des soldats. On peut donc dire, d'une manière générale, que si les peuples démocratiques sont naturellement portés vers la paix par leurs intérêts et leurs instincts, ils sont sans cesse attirés vers la guerre et les révolutions par leurs armées. »

Dix pages plus loin, cet éminent publiciste ajoute : « Chez les peuples démocratiques, l'homme qui devient officier rompt tous les liens qui l'attachaient à la vie civile ; il en sort pour toujours, et il n'a aucun intérêt à y rentrer. Sa véritable patrie, c'est l'armée, puisqu'il n'est rien que par le rang qu'il y occupe ; il suit donc la fortune de l'armée, grandit ou s'abaisse avec elle, et c'est vers elle seule qu'il dirige désormais ses espérances. L'officier ayant des besoins fort distincts de ceux du pays, il peut se faire qu'il désire ardemment la guerre, ou travaille à une révolution, dans le moment même où la nation aspire le plus à la stabilité et à la paix. »

Qu'est-ce, d'ailleurs, qu'une institution qui enseigne aux hommes à compter pour s'enrichir sur autre chose que leurs talents, leur persévérance, leur économie ; qui bâtit des fortunes sur un autre terrrain que celui du travail, et constitue ainsi le gouvernement, non le protecteur, mais le corrupteur de toutes les forces vives de la société ? Est-ce là du droit ? est-ce là de l'égalité ? Telle est pourtant l'institution de l'armée.

Et ce qui rend le plus fâcheux l'existence d'une armée de cette nature, c'est qu'il n'est pas possible d'en changer la tendance, parce qu'il n'est pas possible de faire que les hommes renoncent à avancer dans la profession qu'ils ont embrassée.

« Les grandes armées permanentes qu'entretiennent les puissances de l'Europe, déclare Jean-Baptiste Say, pèsent d'un poids énorme sur les populations industrieuses qui travaillent avec une infatigable activité pour les entretenir. On est même obligé d'employer le stimulant de la vanité nationale pour engager ces nations à un travail aussi rude. On les entretient dans des idées de puissance et de gloriole militaire ; on leur fait envisager un grand déploiement de forces comme le seul fondement solide de leur sécurité ; on fait parader à leurs yeux des corps d'infanterie et de cavalerie ; on les enivre en temps de paix des sons d'une musique guerrière, du bruit des tambours, du fracas des canons; mais tout cela coûte excessivement cher; c'est un luxe qui n'est pas moins ruineux que tout autre. Heureuse encore la nation, quand de la vanité d'avoir de belles armées, elle ne passe pas à la vanité d'en faire usage! »

Ajoutons que si une telle armée, comme on l'a justement remarqué, compromet notre sûreté par sa tendance, elle la compromet encore plus par l'extrême faiblesse à laquelle elle nous réduit. En même temps qu'elle augmente nos périls, elle paralyse la plus grande partie de nos forces. Elle rapetisse la nation; elle la réduit, en quelque sorte, aux dimensions de l'armée. Aussi, relativement à ses ennemis, la France n'est plus un peuple de trente millions d'individus : c'est une puissance de quelques milliers d'hommes. Toute sa puissance est resserrée dans le cadre de ses troupes. Hors de là, on ne voit qu'une multitude éparse, inerte, d'autant plus faible que l'armée est plus forte, et que la société se croit moins obligée de se défendre par elle-même.

Ne conviendrait-il pas de hâter le terme d'une situation si peu digne de la France et de l'humanité? Ne serait-il pas temps de se rappeler que l'Etat n'a pas plus que le capitaliste le droit de s'approprier le travail d'un citoyen pour un salaire illusoire?

Ne devrions-nous pas savoir que pour que l'adage : « chaque citoyen contracte en naissant l'obligation de défendre la patrie », devienne une règle générale, il faut qu'il y ait des citoyens et une patrie ; que, lorsqu'il n'y a que des administrés et des fonctionnaires, et que toutes les notions du droit et de la raison, du bien et du mal, sont anéanties, perverties, confondues, il n'y a plus d'obligation native, il n'y a qu'une contrainte maintenue par la force ?

On peut donc tirer de la guerre d'Egypte cette conclusion :

Que « la guerre de conquête, comme le dit avec raison l'amiral Théogène Page, n'est qu'un caprice sanglant, que rien ne peut justifier » ;

Que les conquêtes et les colonies en pays tropicaux sont éphémères et vaines, de vrais cimetières pour l'Europe, et rien de plus ;

Qu'il ne saurait y avoir, selon le général de Vaudoncourt, un droit de conquête ni de droits qui en dérivent, puisqu'une conquête n'est qu'une usurpation, et qu'elle ne saurait conférer de droits ;

Que l'académicien Thiers, en disant (t. VII, p. 218) que la conquête confère tous les droits, est en contradiction, non seulement avec le général de Vaudoncourt, mais encore avec son collègue de l'Académie française, M. Viennet, qui prétend que « tout est juste contre un envahisseur étranger » ;

Que les prétendues merveilles du grand homme qu'a déifié l'académicien Thiers, ne sont que de lâches atrocités, dignes d'une éternelle réprobation;

Qu'il n'y a pas d'opinions absurdes qui n'aient trouvé des avocats, et que les prétextes n'ont jamais manqué aux partisans de l'arbitraire et du despotisme pour excuser les plus monstrueuses illégalités;

Qu'un guerrier n'est qu'un destructeur qui se satisfait : tuer, ravager, telles sont les idées qui l'enflamment; telles sont, dans son espoir et ses projets, les sources directes de la fortune, de la gloire, du bonheur qu'il ambitionne;

Que, d'après le droit des gens, les guerres qui se font sans motifs et sans raisons justificatives ne conviennent qu'à des bêtes féroces, et que celles que l'on fait par utilité pour soi-même, mais sans aucune ombre de justice, telle que la guerre d'Egypte, sont de véritables brigandages;

Que les guerriers qui ne suivent d'autre règle et n'ont d'autre motif que leur ambition, sont de grands voleurs, titre que leur donne saint Augustin. Il n'y a point en eux de véritable bravoure, mais une cruauté souverainement inhumaine, comme le dit Cicéron. Ce sont des scélérats et des impies, ainsi que les qualifie Aristote. Tels sont ceux qui débitent les maximes suivantes :
« Qu'il faut juger d'une guerre par le succès et

non par le sujet pour lequel elle a été entreprise ; que le vaincu est celui qui a tort ; qu'entre les grands la raison du plus fort est la meilleure. »

Et comme moralité de cette étude, demeurons à jamais convaincus que la meilleure doctrine sociale sera celle qui sera fondée sur les seuls principes de la raison, sur une exacte appréciation de la nature humaine et qui mettra les institutions en harmonie avec toutes les tendances de cette nature, avec le libre développement de toutes ses facultés ; en un mot, avec la destinée actuelle et ultérieure de l'homme ;

Que si les intérêts des peuples, qui seuls supportent tous les frais et les dangers de la guerre, étaient comptés pour quelque chose, le plus ancien, le plus désastreux des fléaux qui affligent l'humanité, serait aussi le plus rare, ou plutôt, on saurait à peine ce que c'est que la guerre parmi les hommes ;

Que la véritable grandeur, comme le véritable génie consiste à s'élever au-dessus des idées barbares du temps et non à s'en faire l'esclave ;

Que notre fin, ici-bas, n'est pas de jouir de la plus grande somme de plaisir, mais au contraire de lutter contre les obstacles de toute espèce qui nous entourent, pour améliorer notre nature et tendre incessamment à de nouveaux progrès par le développement de l'intelligence ;

Que la puissance de l'homme est toujours en

raison de ses progrès intellectuels, et, comme l'a dit Bacon, il ne *peut* qu'autant qu'il *sait*. C'est à la science qu'il doit tous les prodiges de son industrie, et sa civilisation n'est autre chose que le résultat de la science appliquée ;

Que les sociétés ne sont pas faites pour vivre glorieusement une époque, mais pour traverser les siècles, et elles ne remplissent cette condition essentielle qu'en ajoutant de nouvelles garanties à la consolidation qui existe déjà ;

Que c'est donc un crime de sacrifier cette dernière à des succès personnels, et que c'est par là que les conquérants se font maudire des pays qu'ils ont traversés et même des pays où ils sont nés ;

Enfin, qu'en prolongeant la nécessité des armées permanentes, ou tout au moins les appréhensions qu'inspire un voisinage toujours menaçant, on éloignera les progrès de civilisation réelle qui ne peuvent venir qu'après un désarmement général.

« Il n'est pas loin de nous peut-être, disait Mirabeau, dans la séance de l'Assemblée nationale du 25 août 1790, ce moment où la liberté, régnant sans rivale sur les deux mondes, réalisera le vœu de la philosophie, absoudra l'espèce humaine du crime de la guerre, et proclamera la paix universelle ; alors le bonheur des peuples sera le seul but des législateurs, la seule force des lois, la seule gloire des nations ; alors les passions particulières, transformées en vertus publiques, ne déchireront plus par des querelles sanglantes les nœuds de la fraternité qui doivent unir tous les hommes et tous les peuples; alors se consommera le pacte de la fédération du genre humain.»

Toutefois, pour qu'il en soit ainsi, il faut être bien convaincu, en thèse générale, que la justice ne veut pas que nous arrivions au bien par le crime, et qu'elle nous a ouvert d'autres voies pour y parvenir. Nous devons nous garder avec soin de croire à cette abominable doctrine que *la fin justifie les moyens*, et dont les pernicieux effets nous sont assez démontrés par l'expérience. Si le moyen qui se présente le premier nous paraît coupable, il faut avoir le courage et la patience d'en chercher un autre, et s'il en existe, l'amour de la vertu nous rendra ingénieux pour le découvrir, et la réflexion nous le montrera bientôt.

« Que de sang, s'écrie un savant professeur de droit, M. Paffe, que de sang aurait été épargné dans nos discordes civiles, si les hommes, plus scrupuleux sur le choix de leurs moyens, plus éclairés sur leurs devoirs et plus sincèrement amis de la vertu, avaient examiné avec bonne foi et dans le silence des passions toutes les autres voies qui leur étaient ouvertes pour assurer le règne des principes nouveaux et l'indépendance de leur patrie », c'est-à-dire les principes de liberté, d'égalité et de fraternité proclamés par la Révolution de 1789.

Un autre professeur de droit, M. Matter, inspecteur général des Etudes, dit de son côté :

« Les écrivains et les orateurs ont aujourd'hui une mission commune à remplir, celle de rétablir l'honneur des principes. S'ils parviennent à rendre à la société une moralité forte et sincère ; s'ils réussissent en commun à flétrir, comme elles le méritent, les erreurs du passé qui ont amené les vices du jour, le charlatanisme et la rouerie, ils réhabiliteront non seulement la science, mais ils rendront à l'humanité cette foi en elle-même, sans laquelle il n'est pour elle ni paix ni dignité. »

Ces lignes ne sont-elles pas la condamnation de la campagne d'Italie, que des écrivains osent encore aujourd'hui qualifier de « brillante » et de « merveilleuse ? » Ces lignes ne sont-elles pas la condamnation de cette affreuse guerre d'Egypte, entreprise sans justice et sans raison, par le caprice sanglant du mitrailleur des Toulonnais, et qu'on ne rougit pas de représenter comme méritant notre admiration ?

Puisse le récit de ces deux guerres être assez puissant pour graver profondément dans l'esprit public des idées positives de calme et de repos, plus propres à assurer le bonheur des nations, que les idées de fausse gloire, d'agrandissement ou de conquête !

Puisse encore ce résumé des horreurs des guerres d'Italie et d'Egypte prouver aux hommes que, de tous les sentiments qui tyrannisent notre âme, il n'en est aucun de plus funeste pour ceux qui en sentent l'impulsion, de plus contraire à l'humanité et de plus fatal au repos du monde, qu'une ambition déréglée, qu'un désir excessif de la fausse gloire militaire!

Les guerres de vanité, les guerres d'ambition, les guerres de commerce sont également sans objet. Jamais un peuple ne peut avoir intérêt ni d'en attaquer un autre, ni de gêner sa liberté, ni de s'emparer, à son exclusion, d'une branche de commerce ; et l'on peut dire en général et dans le même sens, que l'intérêt d'une nation est d'accord avec l'intérêt commun de toutes, comme on a dit que l'intérêt bien entendu de chaque individu s'accordait avec l'intérêt commun de la société.

Plus les peuples auront de bonnes lois, plus les guerres seront rares. Ce sont les mauvaises lois qui produisent les haines nationales, et ces passions inquiètes et turbulentes qui ont agité tant de nations : les haines ou jalousies nationales ne sont pas seulement des sentiments pervers, ce sont encore des sentiments absurdes.

Comme l'écrivait, à Hyères, au mois de janvier 1874, l'historien Michelet : « Au XIXe siècle, loin de haïr l'Allemagne, la France fera mille vœux pour qu'elle soit une vraie Allemagne, grande et libre, républicaine. »

Encore une fois, puisse le souvenir de ce que les conquérants ont fait, et notamment celui qui a excité l'admiration de l'académicien Thiers, ne plus servir de modèle à ce que doivent faire les peuples qui veulent être heureux et libres : un tyran n'est pas un modèle pour les hommes, il doit être un objet exécrable à leurs yeux.

FIN DE LA PREMIÈRE PARTIE

LISTE DES PREMIERS SOUSCRIPTEURS

A LA PREMIÈRE PARTIE

DES *Merveilles du Conquérant du monde*

MM.

Legrand (Victor), adjoint au maire de Sainte-Foy-les-Lyon (Rhône).

Chopin (Paul), professeur de mathématiques, à Cosne (Nièvre).

L. Jacob, principal honoraire, à Cosne (Nièvre).

Moreau, professeur de latinité, à Cosne (Nièvre).

Chabaud (Emmanuel), docteur-médecin, à Marseille.

Gomot (Marcellin), secrétaire général du conseil général du Rhône, à Lyon.

Fouilloux, conseiller général du Rhône, à Saint-Cyr-au-Mont-d'Or.

Gauthier (Célestin), capitaine-trésorier de la 2e Légion du Rhône, à Lyon.

Gauthier (Albert) fils.

Gauthier (Jules) fils.

Gauthier (Hippolyte) fils.

Chopin, propriétaire, à Blaisy-Bas (Côte-d'Or).

Chopin-Degoix, propriétaire, à Frénois (Côte-d'Or).

Chambrette directeur de la succursale du Crédit Foncier, à Chalon-sur-Saône.

Menuet (Félix-Emile), capitaine en retraite, au Grand-Montrouge (Seine).

Rigaud, employé de commerce, à Lyon.

MM.

Ferran, docteur-médecin, à Lyon.

Thibaudier, négociant, à Lyon.

Franc, chef de bataillon en retraite, à Lyon.

Michard (Louis), ancien chef de bataillon, à Chambéry (Savoie).

Satin (Emile), clerc de notaire, à Lyon.

Andorre (Gustave), à Bordeaux.

Ferrer (Auguste), employé au chemin de fer, à Moulins.

Combet (Louis), docteur-médecin, à Lyon.

Jaoul, propriétaire, à Chalon-sur-Saône.

Vingtrinier (Aimé), bibliothécaire de la ville de Lyon.

Fournier (Alfred), professeur de musique, à Lyon.

Bareste (Eugène), capitaine en retraite, à Lyon.

Gramusset, conseiller municipal de Lyon.

Ponçan (Auguste), agriculteur, à Petit (Constantine).

Fichet, conseiller municipal de Lyon.

Blanchot, chef de bataillon en retraite, à Melun (Seine-et-Marne).

Dindeau (Charles), sous-préfet, à Montfort (Ille-et-Vilaine).

Que les souscripteurs désignés dans cette liste, qui a été ouverte le 8 juin 1884 et que je clos aujourd'hui, 14 août 1884, reçoivent, ici, mes plus vifs remerciements et l'expression de ma sincère sympathie, pour leur empressement à répondre à mon appel.

Ferrer.

TABLE DES MATIÈRES

Objet de cette étude	5
I. — Enfance et éducation de Bonaparte	7
II. — Bonaparte, officier d'artillerie	14
III. — Première page d'une grande histoire	27
IV. — Journée de Vendémiaire	32
V. — Conquête de l'Italie	45
VI. — Entrée à Milan	53
VII. — Quatrième anniversaire de la République	69
VIII. — Bataille d'Arcole	89
IX. — Jours à jamais célèbres	100
X. — Occupation de Venise	115
XI. — Traité de Campo-Formio	129
XII. — Départ pour l'Egypte	144
XIII. — Débarquement en Egypte	150
XIV. — Essai du sceptre	161
XV. — Continuation de l'essai du sceptre	179
XVI. — Mission providentielle	191
XVII. — Massacre des prisonniers de Jaffa	208
XVIII. — Droit d'immoler	218
XIX. — Siège de Saint-Jean-d'Acre	224
XX. — Empoisonnement des pestiférés de Jaffa	231
XXI. — Rentrée au Caire	240

XXII. — Manière d'éclairer et de rendre meilleur un peuple.................................. 252
XXIII. — Traite des nègres et impôts............ 260
XXIV. — Effets du fanatisme.................... 269
XXV. — Abandon de l'armée d'Egypte.......... 277
Conclusion 297
Liste des premiers souscripteurs................ 310

LYON. — IMPRIMERIE NOUVELLE, RUE FERRANDIÈRE, 52

PROCHAINEMENT

I. — **Quinze ans de Dictature ou Merveilles du Consulat et de l'Empire**, avec cette épigraphe : « La guerre ne subsiste que sur sa bonne renommée ; détruisez cette renommée, et vous aurez la paix perpétuelle. » (1)

II. — **Captivité d'un Demi-Dieu,** avec cette épigraphe : « Déifier l'homme est le comble de la démence. »

III. — **Premier siècle du Jésuitisme**, avec cette épigraphe : « Il faut que les Français cessent d'être Français ou que les Jésuites cessent d'être Jésuites. »

IV. — **Deuxième siècle du Jésuitisme.**

V. — **Les Héros du Mexique.**

VI. — **Etude sur les Réformes sociales**, avec cette épigraphe : « C'est aux livres à être les précepteurs des nations. »

---

(1) Le manuscrit est entièrement terminé ; il sera livré à l'impression aussitôt que le nombre de souscripteurs sera suffisant pour en couvrir les frais. *(Envoyer les souscriptions à M. FERRER, 18, rue Penthièvre, à Lyon (Rhône).*

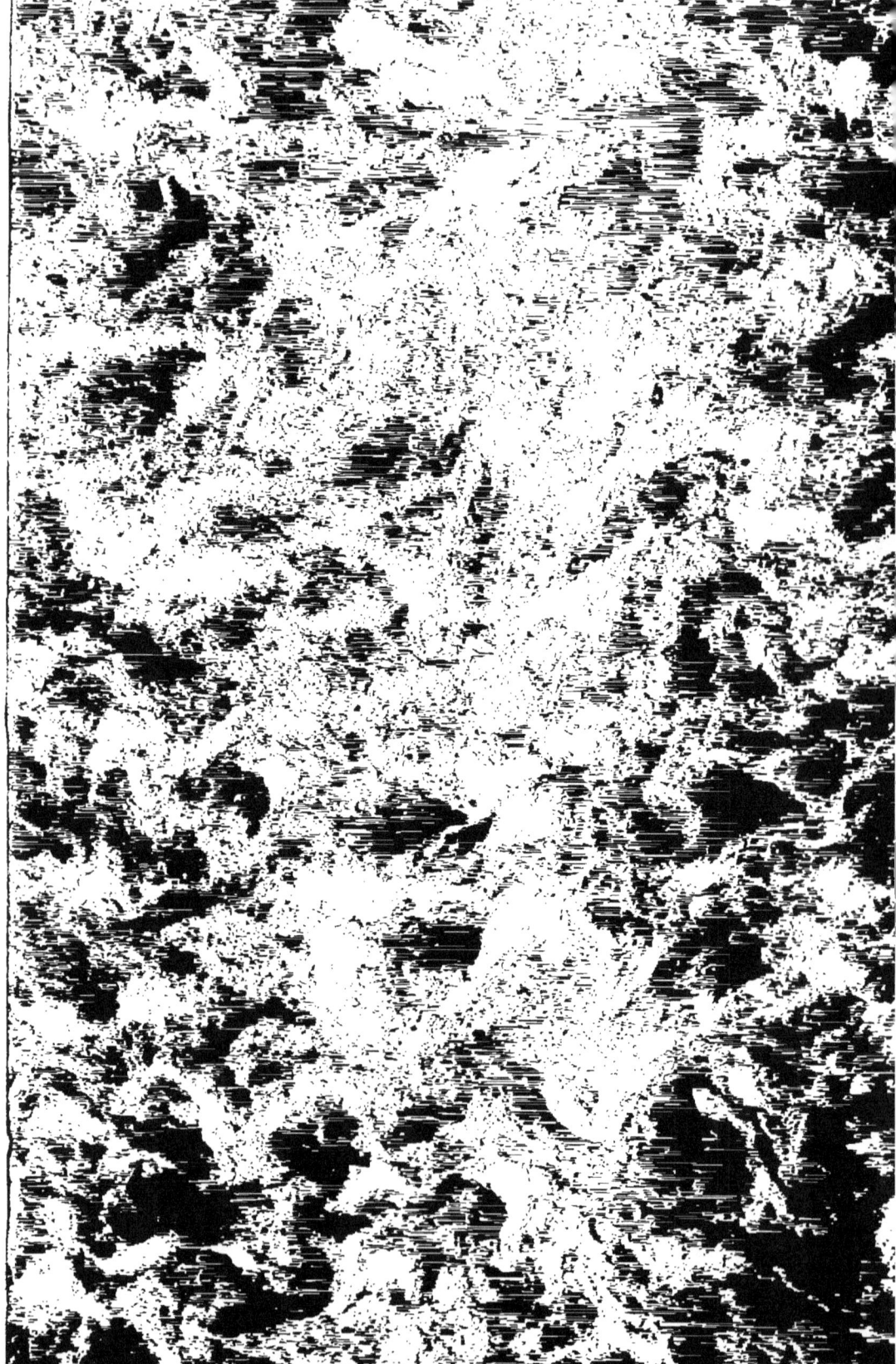